丛 书 编 委 会

主　　编：胡贺松

副 主 编：刘春林　　孙晓立

编　　委：刘炳凯　　梅爱华　　罗旭辉　　杨勇华　　宋雄彬
　　　　　李祥新　　邢宇帆　　张宪圆　　余佳琳　　李　昂
　　　　　张　鹏　李　淼

本书编委会

主　　编：李　昂

副主编：陈智轩

编　　委：李　昂　胡良军　曾志威　吴炳彬　陈智轩
　　　　　杨嘉铭　周国辉　卓建成　梅锦玲

建设工程质量检测人员培训丛书
胡贺松　丛书主编

道路工程检测

李　昂　主　编

陈智轩　副主编

中国建筑工业出版社

图书在版编目（CIP）数据

道路工程检测 / 李昂主编；陈智轩副主编.
北京：中国建筑工业出版社, 2025. 5. -- (建设工程质
量检测人员培训丛书 / 胡贺松主编). -- ISBN 978-7
-112-31137-8

Ⅰ. U41

中国国家版本馆 CIP 数据核字第 2025KP8691 号

责任编辑：杨　允　梁瀛元
责任校对：赵　力

建设工程质量检测人员培训丛书

胡贺松　丛书主编

道路工程检测

李　昂　主编

陈智轩　副主编

*

中国建筑工业出版社出版、发行（北京海淀三里河路 9 号）

各地新华书店、建筑书店经销

国排高科（北京）人工智能科技有限公司制版

北京市密东印刷有限公司印刷

*

开本：787 毫米×1092 毫米　1/16　印张：12¾　字数：315 千字

2025 年 7 月第一版　　2025 年 7 月第一次印刷

定价：**38.00** 元

ISBN 978-7-112-31137-8

（44612）

版权所有　翻印必究

如有内容及印装质量问题，请与本社读者服务中心联系

电话：（010）58337283　　QQ：2885381756

（地址：北京海淀三里河路 9 号中国建筑工业出版社 604 室　邮政编码：100037）

　　建设工程质量检测监测，乃现代工程建设之命脉，承载着守护工程安全与品质之重任。随着建造技术革新浪潮奔涌、材料与工艺迭代日新月异，检测行业亦面临前所未有的挑战与机遇。检测工作不仅需为工程全生命周期提供精准数据支撑，更需以创新之力推动行业向绿色化、智能化、标准化纵深发展。在此背景下，培养兼具理论素养与实践能力的专业人才，实为行业高质量发展的关键基石。

　　"建设工程质量检测人员培训丛书"应势而生。此丛书由广州市建筑科学研究院集团有限公司倾力编纂，凝聚四十余载技术积淀，博采行业前沿成果，体系严谨、内容丰实。丛书十二分册，涵盖建筑材料、主体结构、节能幕墙、市政道路、桥梁地下工程等核心领域，更兼实验室管理与安全监测等专项内容，既立足基础，又紧扣时代脉搏。尤为可贵者，各分册编写皆以"问题导向"为纲，如《主体结构及装饰装修检测》聚焦施工质量隐患诊断，《工程安全监测》剖析风险预警技术，《建筑节能检测》则直指"双碳"目标下的绿色建筑评价体系。凡此种种，皆彰显丛书对行业痛点的精准回应与前瞻引领。

　　丛书之价值，尤在其"知行合一"的编撰理念。检测工作绝非纸上谈兵，须以理论为帆，以实践为舵。书中每一章节以现行标准为导向，辅以数据图表与操作流程详解，使晦涩标准化为生动指南。编写团队更汇集数位资深专家，其笔锋既透学术之严谨，又蕴实战之智慧。

　　"工欲善其事，必先利其器"。此丛书之意义，非止于知识传递，更在于精神传承。书中字里行间，浸润着编者"精益求精、守正创新"的行业匠心。冀望读者持此卷为舟楫，既夯实检测技术之根基，亦淬炼科学思维之锐度，以专业之力筑牢工程品质长城，以敬畏之心守护万家灯火安然。愿此书成为检测同仁案头常备之典，助力中国建造迈向更高、更远、更强之境。

　　是为序。

博士、教授级高工

前　言
FOREWORD

　　根据住房和城乡建设部颁布的《建设工程质量检测机构资质标准》（建质规〔2023〕1号）的相关规定，建设工程质量检测机构资质分为2个类别，即综合资质和专项资质，其中专项资质共分为建筑材料及构配件、主体结构及装饰装修、钢结构、地基基础、建筑节能、建筑幕墙、市政工程材料、道路工程、桥梁及地下工程9个专项。本书针对道路工程专项的技术要求，详细介绍了沥青混合料路面、水泥混凝土路面、基层及底基层、土路基以及排水管道工程的特性、检测方法与步骤、标准要求及工程实际应用。本书内容以现行国家标准、行业标准等为依据，针对检测过程中的难点、要点，全面系统阐述了各检测项目的检测范围、原理、依据、仪器设备技术要求、步骤等，并提供相应检测报告模板。

　　本书按照道路工程的结构类型以及附属给水排水设施主要分为5章：第1章为沥青混合料路面，由李昂、陈智轩编写，主要介绍了道路工程检测领域沥青混合料路面的现场试验参数，包括弯沉、压实度、厚度、平整度、渗水系数以及抗滑性能等内容。第2章为水泥混凝土路面，由胡良军、周国辉编写，主要介绍了道路工程检测领域水泥混凝土路面的现场试验参数，包括构造深度、厚度以及平整度等内容。第3章为基层与底基层，由杨嘉铭、曾志威编写，主要介绍道路工程检测领域基层与底基层的现场试验参数，包括弯沉、压实度、厚度、平整度等现场试验内容以及无机结合料稳定材料无侧限抗压强度等室内试验内容。第4章为土路基，由李昂、吴炳彬编写，主要介绍了道路工程检测领域土路基的现场试验参数，包括弯沉、压实度以及土基回弹模量等现场试验内容。第5章为排水管道工程，由李昂、卓建成编写，主要介绍道路工程检测领域附属设施中给水排水管道的现场试验参数，包括管道基础的地基承载力试验、回填压实度、背后土体密实性以及管道功能性的严密性试验等现场试验内容。本书由李昂负责统稿，梅锦玲对本书图稿进行了整理绘制。

　　本书注重理论与实践的结合，着重阐述了各参数试验的基本知识、试验数据处理方法以及质量检验评定标准，并选取了每个试验参数在日常试验检测工作中应用较为广泛的检测试验方法详细介绍。同时，本书中对同一参数采用不同试验方法进行了横向对比分析，每个试验方法均附有实际检测案例，可以更直观地了解不同试验方法之间的区别以及适用情况。本书可作为道路工程试验检测员的资格考核培训教材，也可供各企事业单位技术人员、质量监督管理人员、大专院校相关专业师生学习参考。

特别感谢丛书总主编胡贺松教授级高级工程师的策划、组织和指导，本书的编写工作还得到了有关领导、专家的大力支持和帮助，感谢所有为本书编写提供专业建议和技术支持的专家学者。

由于编者水平有限，编写时间仓促，书中难免存在不足之处，恳请广大读者批评指正，欢迎反馈宝贵意见和建议。

本书编写组

目　录

CONTENTS

第1章

沥青混合料路面

沥青路面是当前城镇以及公路道路建设领域最常见的路面结构类型之一，因其具有良好的弹性变形特性、能够最小化交通中断时间等优点而被广泛应用于各种类型道路，包括城镇快速路主干道、高速公路、机场跑道、新型农村公路等，因此在实际工程项目中，确定沥青路面的平整度、弯沉、厚度、渗水系数以及抗滑性能等关键参数是否符合相关工程领域的设计要求或质量标准，对评估沥青路面的整体质量以及其安全性、耐久性具有重要意义。本章分别对沥青路面的弯沉、压实度、厚度、平整度、渗水系数、抗滑性能等关键项目的检测依据、检测过程详细步骤、数据计算方法等作出阐述，同时提供了各个参数对应的相关工程范例以及报告模板。

1.1　弯沉

弯沉一般指路基或路面表面在规定标准车的荷载作用下，轮隙位置产生的总垂直变形值（总弯沉）或垂直回弹变形值（回弹弯沉），其中回弹弯沉是指路基或路面在规定荷载作用下产生、卸载后能恢复的垂直变形。路面回弹弯沉量，不仅反映了路基路面结构的整体刚度和强度，而且还与路面的使用状态存在一定的内在联系。通常回弹弯沉值越大，路面结构的弹性变形越大，路面结构的刚度与抗疲劳性能也越差，难以承受较大交通量；反之，则路面结构的抗疲劳性能好，并能承受较大的交通量。而沥青路面的弯沉检测是通过对路面施加荷载来评估路面结构刚度和变形性能的方法，由此可推导评定其承载能力，为其竣工验收质量评估以及后续维护和改进提供重要依据。沥青路面面层的回弹弯沉测试方法主要有：

（1）贝克曼梁法测试路面回弹弯沉。

（2）落锤式弯沉仪法测试路面弯沉。

（3）激光式高速路面弯沉测定仪测试路面弯沉。

（4）自动弯沉仪测试路面弯沉。

道路工程日常检测中最常见的弯沉检测方法为贝克曼梁法以及落锤式弯沉仪法，将在本节重点介绍。

关于沥青路面弯沉的检测频率，行业标准《城镇道路工程施工与质量验收规范》CJJ 1—2008 中的要求如表 1.1-1 所示，行业标准《公路工程质量检验评定标准 第一册 土建工程》JTG F80/1—2017 的要求如表 1.1-2 所示。

《城镇道路工程施工与质量验收规范》检测频率要求　　　　　　　　表 1.1-1

序号	规定值或允许偏差	检测方法	检测频率	检验批
1	不应大于设计规定	弯沉仪法	每车道、每 20m 测 1 点	每条路或路段

《公路工程质量检验评定标准 第一册 土建工程》检测频率要求　　　表 1.1-2

序号	规定值或允许偏差		检测方法	检测频率
	高速公路/一级公路	其他公路		
1	不大于设计验收弯沉值		贝克曼梁法	80 点
2	不大于设计验收弯沉值		落锤式弯沉仪法	40 点
备注			以上检测点数均为每一双车道评定路段（不超过 1km），对于多车道公路，应按车道数与双车道之比相应地增加测点	

1.1.1　贝克曼梁法

1.1.1.1　检测范围

贝克曼梁法测试弯沉的应用面较广，可用于测试路基及沥青路面的回弹弯沉。沥青路面应用贝克曼梁进行弯沉检测的过程中，通过路面在静态荷载作用时产生的表面变形表征其承载能力及变形性能。沥青路面的弯沉检测以沥青面层平均温度 20℃时为准，当路面平均温度在 20℃±2℃时可不修正，在其他测试温度下，沥青层厚度大于 5cm 的沥青路面，弯沉值应予温度修正。

1.1.1.2　试验原理

弯沉检测方法基于结构力学、弹性力学以及杠杆基本原理等基本理论，贝克曼梁实际上是一种前后臂长为 2∶1 的经典结构，其两端放置在路面上，标准加载车辆对其前端探头路面施加静态荷载后，由于沥青路面的柔性特点，路面在静态集中荷载的作用下形成局部下沉（即垂直变形）。路面反映的形状以负荷点为中心盆形，称为弯沉盆（图 1.1-1）。

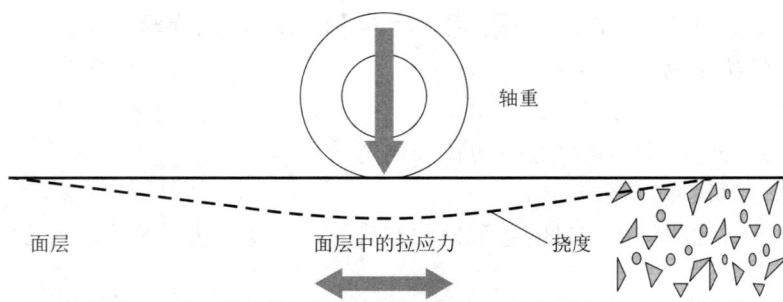

图 1.1-1　沥青路面在荷载作用下受力示意图

卸载后，路面的弹性变形恢复，使用位移传感器或其他测量设备测量后端的竖向位移，加载前后的差值即为弯沉值，反映了沥青路面在静态荷载下的实际变形性能。据此可进一步模拟实际交通荷载产生的沥青路面变形，以评估路面的承载能力。

弯沉值的大小反映了路面的强弱，在相同车轮荷载下，路面的弯沉值愈大，则路面抵抗垂直变形的能力愈弱，反之则强。回弹弯沉值大的路面，在经受了轮载少次重复作用后，即呈现出某种形态的破坏；而回弹弯沉值小的路面，经受多次轮载重复作用才能出现这种形态的破坏。也就是说，达到相同程度的破坏时，回弹弯沉大小与该路面的使用寿命（轮载累计重复作用次数）成反比关系。

1.1.1.3　检测依据

贝克曼梁法测定路面弯沉的检测依据主要有：

（1）行业标准《公路路基路面现场测试规程》JTG 3450—2019。

（2）行业标准《城镇道路工程施工与质量验收规范》CJJ 1—2008。

（3）行业标准《公路工程质量检验评定标准　第一册　土建工程》JTG F80/1—2017。

（4）行业标准《城市道路工程设计规范》CJJ 37—2012（2016 年版）。

（5）行业标准《城镇道路路面设计规范》CJJ 169—2012。

（6）行业标准《公路沥青路面设计规范》JTG D50—2017。

1.1.1.4　检测仪器及技术要求

采用贝克曼梁法检测沥青路面的弯沉需要下列仪器与工具：

（1）标准车：双轴、后轴双侧 4 轮的载重车，单后轴、单侧双轮组的载重车，双轮轮隙应能自由插入贝克曼梁测头，同时其标准轴荷载、轮胎尺寸、轮胎间隙及轮胎气压等主要参数应符合表 1.1-3 的要求。加载车应采用后轴 10t、标准轴载 BZZ-100 的汽车。

加载车的参数要求　　　　　　　　　　　　　　　　表 1.1-3

后轴标准轴荷载 P/kN	100 ± 1
单侧双轮荷载/kN	50 ± 0.5
轮胎气压/MPa	0.7 ± 0.05
单轮传压面当量圆面积/mm²	$(3.56 \pm 0.20) \times 10^4$

注：贝克曼梁测试路基路面回弹弯沉时加载车很重要，过去我国一直规定用解放牌 CA-10B 型及黄河牌 JN-150 型两个荷载等级的标准车。但近年来这两种车型已很少使用，显然已不能作为标准车型，因此在《公路路基路面现场测试规程》JTG 3450—2019 中已取消对加载车车型的规定，表 1.1-3 中对加载车的后轴标准轴荷载、单侧双轮荷载、轮胎气压、单轮传压面当量圆面积等主要参数提出要求，凡是符合这些参数的加载车均可使用。

（2）贝克曼梁由合金铝制成，上有水准泡，其前臂（接触路面）与后臂（装百分表）长度比为 2∶1。弯沉仪长度有两种，一种长 3.6m，前后臂分别为 2.4m 和 1.2m；另一种加长的弯沉仪长 5.4m，前后臂分别为 3.6m 和 1.8m，贝克曼梁示意图见图 1.1-2。当在半刚性基层沥青路面或水泥混凝土路面上测定时，应采用长度为 5.4m 的贝克曼梁弯沉仪；对柔性基层或混合式结构沥青路面可采用长度为 3.6m 的贝克曼梁弯沉仪。同时应注意，根据行业标准《公路路基路面现场测试规程》JTG 3450—2019 对于贝克曼梁的相关要求，长度为 5.4m 的贝克曼梁适用于各种类型的路面类型回弹弯沉的测试，而 3.6m 的贝克曼梁一般只用于柔性基层沥青路面回弹弯沉的测试。

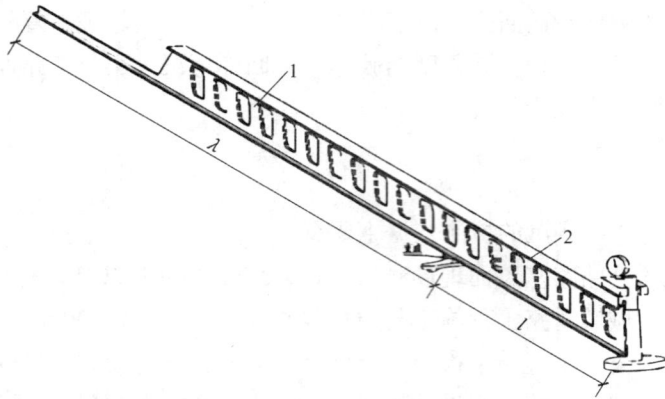

图 1.1-2　贝克曼梁示意图

1—前臂；2—后臂

（3）百分表：百分表及其正确安装位置示意图见图 1.1-3、图 1.1-4。

(a) 正确　　　　　(b) 不正确

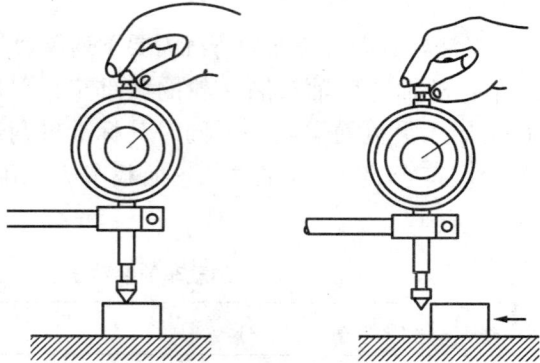

图 1.1-3　百分表　　　图 1.1-4　百分表正确与不正确接触位置

（4）接触式路表温度计：端部为平头，分度值不大于 1℃。

（5）其他：钢直尺等。

1.1.1.5　检测步骤及修正

1）准备工作

（1）检查测试用加载车，确保其车况及制动性能良好，轮胎气压应符合表 1.1-3 的要求。

（2）给加载车配重，并用地中衡（杠杆称）称量后轴总质量及单侧双轮荷载等，均应符合表 1.1-3 的要求，加载车行驶及测试过程中，轴重不应变化。

（3）若启用新加载车或加载车轮胎发生较大磨损时，测试轮胎传压面面积。轮胎传压面面积测试方法为：确保加载车双侧轮载及其轮胎气压满足表 1.1-3 的要求，在平整光滑的硬质路面上用千斤顶将汽车后轴顶起，在轮胎下方铺一张新的复写纸和一张方格纸，轻轻落下千斤顶，即在方格纸上印上轮胎印痕。用求积仪或数方格的方法测算单个轮胎印迹范围内的面积，面积应符合表 1.1-3 中单轮传压面当量圆面积的要求。

（4）当在沥青路面上测试时，通过气象台了解测试前 5d 的平均气温（日最高气温与最低气温的平均值）。

（5）记录沥青路面结构层材料类型、设计厚度等情况。

2）测试步骤

（1）将加载车停放在测试路段的测试位置，后轮一般应置于道路行车轮迹带上。将贝克曼梁插入加载车后轮轮隙处，与加载车行车方向一致，梁臂不得接触轮胎，如图1.1-5所示。贝克曼梁测头置于轮隙中心前方30～50mm处测点上。用路表温度计测量并记录测点附近的路表温度。可采用两根贝克曼梁对双侧轮迹同时进行回弹弯沉测试。

（2）将百分表安装在表架上，并将百分表的测头安放在贝克曼梁的测定杆顶面。轻轻叩击贝克曼梁，确保百分表正常归位。

图1.1-5　贝克曼现场检测示意图

（3）指挥加载车缓缓前进，速度一般为5km/h左右，百分表示值随路面变形持续增大。当示值最大时，迅速读取初读数L_1。加载车仍继续前进，示值开始反向变化，待加载车驶出弯沉影响范围（约3m以外），百分表示值稳定后，读取终读数L_2。

（4）指挥加载车沿轮迹带前行，驶向下一测试位置，重复步骤（1）～（3），完成测试路段的回弹弯沉测试。

（5）现场检测作业时填写原始记录表（表1.1-4）。

弯沉检测现场记录表　　　　　　　　　　　　　　　　　　　　表1.1-4

记录编号				
工程名称				
工程部位				
样品信息				
检测日期		试验条件	天气　　　　，地面温度　　　　℃	
检测依据		判定依据		
设备名称及编号	弯沉仪/	百分表/	温度计/	
委托编号		检测编号		
检测车辆		车辆参数	后轴＝　　　t， 轮胎气压＝　　　MPa	
结构类型		结构层厚度		
公路等级		前5天平均气温/℃		

续表

测点桩号	路表温度/°C	左加载读数	左卸载读数	右加载读数	右卸载读数	弯沉/0.01mm		温度修正弯沉值/0.01mm	
						左	右	左	右
备注									

3）测试步骤

（1）当采用长度为 3.6m 的弯沉仪进行弯沉测定时，有可能引起弯沉仪支座处变形，在测定时应检验支点有无变形。如果有变形，此时应将另一台检测用的弯沉仪安装在测定用弯沉仪的后方，其测点位于测定用弯沉仪的支点旁。当汽车开出时，同时测定两台弯沉仪的弯沉读数，如检测弯沉仪百分表有读数，即应该记录并进行支点变形修正。当在同一结构上测定时，可在不同位置测定 5 次，取平均值，以后每次测定时以此作为修正值。支点变形修正的原理如图 1.1-6 所示，修正公式见下一节相关内容。

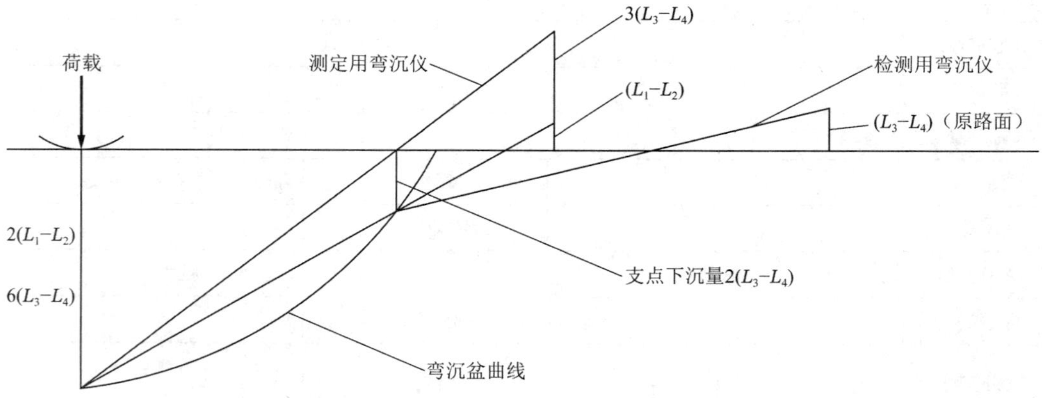

图 1.1-6　贝克曼支点变形修正原理图

（2）当采用长度为 5.4m 的弯沉仪测定时，可不进行支点变形修正。

1.1.1.6　结果计算及修正

1）计算路面回弹弯沉值

路面测点的回弹弯沉值按式(1.1-1)计算：

$$l_t = (L_1 - L_2) \times 2 \tag{1.1-1}$$

式中：l_t——路面温度t时的回弹弯沉值（0.01mm）；

L_1——车轮中心邻近弯沉仪测头时百分表的最大读数（0.01mm）；

L_2——汽车驶出弯沉影响半径后百分表的终读数（0.01mm）。

2）回弹弯沉值支点修正

当需进行弯沉仪支点变形修正时，路面测点回弹弯沉值按式(1.1-2)计算：

$$l_t = (L_1 - L_2) \times 2 + (L_3 - L_4) \times 6 \tag{1.1-2}$$

式中：L_1——车轮中心邻近弯沉仪测头时测定用弯沉仪的最大读数（0.01mm）；

L_2——汽车驶出弯沉影响半径后测定用弯沉仪的终读数（0.01mm）；

L_3——车轮中心邻近弯沉仪测头时检验用弯沉仪的最大读数（0.01mm）；

L_4——汽车驶出弯沉影响半径后检验用弯沉仪的终读数（0.01mm）。

式(1.1-2)适用于测定弯沉仪支座处有变形但百分表处路面无变形的情况。

3）回弹弯沉值温度修正

沥青面层厚度大于5cm的沥青路面，回弹弯沉值应进行温度修正。温度修正及回弹弯沉的计算宜按下列步骤进行。

（1）测定时的沥青层平均温度按式(1.1-3)计算：

$$t = (t_{25} + t_m + t_e)/3 \tag{1.1-3}$$

式中：t——测定时沥青面层平均温度（%）；

t_{25}——根据t_0由图 1.1-7 确定的路表下 25mm 处的温度（℃）；

t_m——根据t_0由图 1.1-7 确定的沥青层中间深度的温度（℃）；

t_e——根据t_0由图 1.1-7 确定的沥青层底面处的温度（℃）。

t_0——测定时路表温度与测定前 5d 日平均气温的平均值之和（℃），日平均气温为日最高气温与最低气温的平均值。

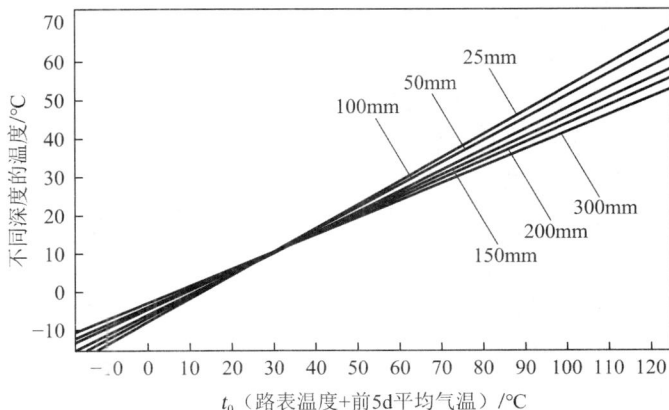

图 1.1-7　沥青面层平均温度的确定

（2）根据沥青层平均温度t及沥青层厚度，分别由图1.1-8和图1.1-9取不同基层的沥青路面弯沉值的温度修正系数K。

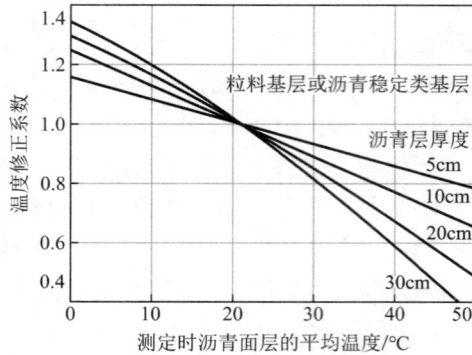

图 1.1-8　路面弯沉温度修正系数曲线（适用于粒料基层及沥青稳定基层）

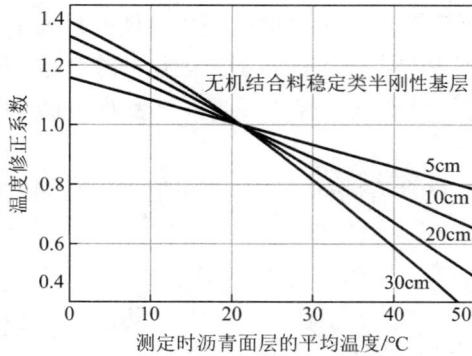

图 1.1-9　路面弯沉温度修正系数曲线（适用于无机结合料稳定的半刚性基层）

（3）沥青路面回弹弯沉按式(1.1-4)计算：

$$l_{20} = l_t \times K \tag{1.1-4}$$

式中：K——温度修正系数；

l_{20}——换算为20℃的沥青路面回弹弯沉值（0.01mm）；

l_t——测定时沥青面层的平均温度为t时的回弹弯沉值（0.01mm）。

4）回弹弯沉值结果计算

计算一个测试路段的回弹弯沉平均值、标准差及代表值。

（1）参照行业标准《公路路基路面现场测试规程》JTG 3450—2019中的要求，回弹弯沉平均值、标准差及代表值可参照本书附录B的检测路段数据统计方法计算。

（2）根据现行城镇道路报告的相关要求，沥青路面弯沉代表值为弯沉测量值的波动上界限值，其计算方式也可参照行业标准《公路工程质量检验评定标准　第一册　土建工程》JTG F80/1—2017中的相关规定，采用下式计算：

$$l_r = (\bar{l} + \beta \cdot S)K_1K_3 \tag{1.1-5}$$

式中：l_r——弯沉代表值（0.01mm）；

$\bar{l}$——实测弯沉的平均值；

S——标准差；

β——目标可靠指标，由表 1.1-5 确定；

K_1——湿度影响系数，测定路基顶面弯沉时，根据当地经验确定；测定路表弯沉时，根据实测弯沉量通过反算得到路基模量值，修正后得到结构模量值，然后得出测试状态下的弯沉湿度影响系数，或根据当地经验确定；

K_3——温度影响系数，测定路表弯沉时根据下式确定：

$$K_3 = \exp[9 \times 10^{-6}(\ln E_0 - 1)H_a + 4 \times 10^{-3}](20 - T) \tag{1.1-6}$$

式中：T——弯沉测定时沥青结合料类材料层中点实测或预估温度（℃）；

H_a——沥青结合料类材料层厚度（mm）；

E_0——平衡湿度状态下路基顶面回弹模量（MPa）。

目标可靠指标 β 值　　　　表 1.1-5

公路等级	高速公路	一级公路	二级公路	三级公路	四级公路
目标可靠度/%	95	90	85	80	70
目标可靠指标β	1.65	1.28	1.04	0.84	0.52

1.1.1.7　检测案例分析

【案例】对某道路工程项目新建道路 A 桩号 K1 + 100～K1 + 200 段 AC-13C 沥青混合料上面层进行弯沉检测，现场为双向 2 车道，试验长度为 100m，城镇道路等级为主干道，设计路基顶面回弹模量为 62MPa。本次试验采用贝克曼梁法对待检路段 A 进行检测。其检测频率参照行业标准《城镇道路工程施工与质量验收规范》CJJ 1—2008 的要求，如表 1.1-1 所示。

1）基本信息

新建道路段 A 的 AC-13C 沥青混合料面层厚度为 180mm；试验现场当地平均气温为 32℃；试验时现场沥青面层路表平均温度为 40℃；经测量，左侧前轮轮胎气压 0.71MPa，右侧前轮 0.69MPa，左侧左后轮 0.74MPa，左侧右后轮 0.68MPa，右侧左后轮 0.73MPa，右侧右后轮 0.66MPa；后轴重为 10.01t（此处重力加速取值为 9.98N/kg），单轮传压面当量圆面积为 $3.64 \times 10^4 \text{mm}^2$，满足规范要求。采用 5.4m 贝克曼梁进行检测。

2）现场数据记录

现场弯沉检测百分表示值见表 1.1-6。

现场弯沉检测百分表示值　　　　表 1.1-6

序号	桩号	加载读数/0.01mm	卸载读数/0.01mm
1	K1 + 105 左幅第一车道	319	315
2	K1 + 125 左幅第一车道	373	366
3	K1 + 145 左幅第一车道	384	378
4	K1 + 165 左幅第一车道	476	471
5	K1 + 185 左幅第一车道	681	673
6	K1 + 190 右幅第一车道	724	717

序号	桩号	加载读数/0.01mm	卸载读数/0.01mm
7	K1 + 170 右幅第一车道	536	530
8	K1 + 150 右幅第一车道	520	513
9	K1 + 130 右幅第一车道	682	675
10	K1 + 110 右幅第一车道	564	556

3）支点修正

由于本次贝克曼梁法测定沥青路面弯沉采用 5.4m 贝克曼梁，故不需要进行贝克曼梁的支点修正。

4）温度修正

由于现场新建道路段 A 的面层厚度为 180mm，大于行业标准《公路路基路面现场测试规程》JTG 3450—2019 中规定的 50mm，此时回弹弯沉值应根据沥青面层的平均温度进行温度修正。

（1）计算沥青面层的平均温度

其中，测定时路表温度与测定前 5d 日平均气温的平均值之和 $t_0 = 60.2℃$；由查表法，路表下 25mm 处、沥青层中间、沥青层底面处的温度分别为 $t_{25} = 23.34℃$，$t_m = 20.33℃$ 和 $t_e = 18.72℃$；然后，根据式(1.1-3)计算可得该沥青面层的平均温度 $t = 21.02℃$。

（2）计算温度修正系数 K

由于该沥青面层平均温度在《公路路基路面现场测试规程》JTG 3450—2019 中要求的（20 ± 2）℃范围内，故温度修正系数 $K = 1$。

5）计算回弹弯沉

按式(1.1-4)计算该沥青路面的回弹弯沉值。该路段共检测 10 个点，路面测点的回弹弯沉检测计算值见表 1.1-7。

路面现场弯沉检测计算值　　　　　　　　　　　　　　　　表 1.1-7

序号	桩号	加载读数/0.01mm	卸载读数/0.01mm	弯沉值/0.01mm
1	K1 + 105 左幅第一车道	319	315	8
2	K1 + 125 左幅第一车道	373	366	14
3	K1 + 145 左幅第一车道	384	378	12
4	K1 + 165 左幅第一车道	476	471	10
5	K1 + 185 左幅第一车道	681	673	16
6	K1 + 190 右幅第一车道	724	717	14
7	K1 + 170 右幅第一车道	536	530	12
8	K1 + 150 右幅第一车道	520	513	14
9	K1 + 130 右幅第一车道	682	675	14
10	K1 + 110 右幅第一车道	564	556	16
平均值/0.01mm				13

根据现行城镇道路报告的相关要求，可参照行业标准《公路路基路面现场测试规程》
JTG 3450—2019、行业标准《公路工程质量检验评定标准 第一册 土建工程》JTG F80/1—
2017 中的相关规定，计算该测试路段的回弹弯沉平均值、标准差及代表值：

弯沉平均值为 13（0.01mm）；标准差 $S = 2.54$（0.01mm）；由于新建路段 A 等级为城镇
主干道，参照表 1.1-5 相关要求，目标可靠指标值 $\beta = 1.28$；根据当地经验，湿度修正系数
K_1 取值为 1.0；根据式(1.1-6)，温度影响系数 $K_3 = 0.98$。

将上述数据代入式(1.1-5)，计算可得路段弯沉代表值 $l_r = 15.93$（0.01mm）。

综上可得，本次检测统计 10 个点，平均弯沉值为 13（0.01mm），标准差为 2.54（0.01mm），
代表弯沉值为 15.93（0.01mm）。由于该段道路弯沉设计值为 23（0.01mm），故该路段弯沉值
检测符合设计要求。

1.1.1.8 检测报告

弯沉检测的检测报告应符合行业标准《公路路基路面现场测试规程》JTG 3450—2019、
《城镇道路工程施工与质量验收规范》CJJ 1—2008 以及《公路工程质量检验评定标准 第
一册 土建工程》JTG F80/1—2017 中的相关要求。其中，检测报告的主要内容应包括：

（1）测试路段信息（桩号、路面结构层材料类型及设计厚度等）。

（2）沥青面层平均温度、温度修正系数、回弹弯沉值。

（3）测试路段的回弹弯沉平均值、标准差及代表值。

参照上述工程实例，现场检测报告模板如表 1.1-8 所示。

路基路面弯沉试验检测报告（贝克曼梁法） 表 1.1-8

委托单位			工程名称	某道路工程项目	
工程部位	新建道路 A K1＋100～K1＋200 段				
样品信息	表面洁净、平整				
检测依据	JTG 3450—2019		判定依据	图纸设计	
设备名称编号	弯沉仪/		百分表/	温度计/	
委托编号			检测编号		
试验温度	40℃		车辆参数	后轴 = 10.02t，轮胎气压 = 0.70MPa	
测试车型	BZZ-100		结构类型	沥青路面	
道路等级	主干道				
设计弯沉值	23（0.01mm）		试验日期	年 月 日	
桩号及车道	弯沉值/0.01mm		桩号及车道	弯沉值/0.01mm	
	左轮	右轮		左轮	右轮
K1＋105	8	—	K1＋190	14	—
K1＋125	14	—	K1＋170	12	—
K1＋145	12	—	K1＋150	14	—
K1＋165	10	—	K1＋130	14	—
K1＋185	16	—	K1＋110	16	—

检测结果	统计点数	10	平均值/0.01mm	13
	目标可靠性指标β	1.28	标准差/0.01mm	2.54
	湿度影响系数K_1	1.00	代表弯沉值/0.01mm	15.93
	温度影响系数K_3	0.98		
	结论	\multicolumn{3}{c}{本次共检测10点，该路段弯沉符合设计要求}		

1.1.1.9 注意事项

沥青路面的回弹弯沉受温度变化影响较大，为保证回弹弯沉值的可比性，现场测试的沥青路面回弹弯沉值以沥青面层平均温度20℃为准。当沥青面层厚度大于50mm时，需要进行温度修正（参考1.1.1.6节）。在行业标准《公路路基路面现场测试规程》JTJ 059—1995的使用过程中，普遍反映温度修正采用查表法人为误差较大，但由于编制该规程时的原始数据已无法查证，根据规程中温度修正的放大图，反复验证后形成如表1.1-9～表1.1-11所示的公式。

沥青层平均温度的确定　　　　　　　　　　　　　表1.1-9

路表向下的深度/mm	路表下不同深度的温度
25	$T_{25} = 0.5943T_0 - 12.3120$
50	$T_{50} = 0.5383T_0 - 9.2248$
100	$T_{100} = 0.5034T_0 - 9.8736$
150	$T_{150} = 0.4667T_0 - 8.6477$
200	$T_{200} = 0.4464T_0 - 7.8857$
300	$T_{300} = 0.4227T_0 - 7.0723$

路面弯沉温度修正系数（适用于粒料基层及沥青稳定基层）　　　表1.1-10

沥青层厚度/mm	温度修正系数	
	0～20℃	20～50℃
50	$K_{50,1} = -0.0077T + 1.1544$	$K_{50,2} = -0.0068T + 1.1328$
100	$K_{100,1} = -0.0136T + 1.2688$	$K_{100,2} = -0.0118T + 1.2340$
200	$K_{200,1} = -0.0159T + 1.3153$	$K_{200,2} = -0.0169T + 1.3321$
300	$K_{300,1} = -0.0172T + 1.3425$	$K_{300,2} = -0.0208T + 1.4124$

路面弯沉温度修正系数（适用于无机结合料稳定的半刚性基层）　　　表1.1-11

沥青层厚度/mm	温度修正系数	
	0～20℃	20～50℃
50	$K_{50,1} = -0.0045T + 1.0916$	$K_{50,2} = -0.0065T + 1.1319$
100	$K_{100,1} = -0.0061T + 1.122$	$K_{100,2} = -0.0117T + 1.2365$

沥青层厚度/mm	温度修正系数	
	0～20℃	20～50℃
200	$K_{200,1} = -0.0084T + 1.169$	$K_{200,2} = -0.0179T + 1.3599$
300	$K_{300,1} = -0.0112T + 1.2251$	$K_{300,2} = -0.0208T + 1.4173$

1.1.2　落锤式弯沉仪（FWD）法

1.1.2.1　检测范围

贝克曼梁法是我国目前应用最普遍的沥青路面弯沉检测方法，因其结构组成简易、操作简单、技术要求低等优点而得到广泛应用，但该方法也存在不足之处，如检测精度受人为因素的影响较大，工作效率很低，可靠性较差，不能反映路面结构在车荷载作用下的动力特性和整个弯沉盆形状，检测的回弹弯沉为静态弯沉，在某些情况下不能完全模拟路面在实际使用中行车时的真实受荷载情况。因此，衍生出了采用落锤式弯沉仪检测沥青路面弯沉的检测方法，用于模拟行车作用冲击荷载下的弯沉，通过计算机自动采集数据，速度快、精度高。落锤式弯沉仪法适用于测试路基及沥青路面的回弹弯沉，通过测量路表在冲击荷载作用下产生的瞬时变形，即动态弯沉，以表征沥青路面面层承载能力及变形性能，其测定数据与贝克曼梁法测定的数据具有较好的相关性。

1.1.2.2　检测原理

落锤式弯沉仪法的基本原理（图 1.1-10）是通过液压系统提升和释放落锤对路面施加冲击荷载（荷载大小由落锤质量和起落高度控制），即落锤组件被提升到一定高度后自由下落，通过锤头给承载板（装有力传感器）施加一个冲击力，使与承载板接触的地面感受力后产生弯沉变形（装有位移传感器），通过传感器测出冲击荷载和弯沉变形，并且在弯沉测试软件上显示出路面感受到的最大冲击荷载及对应的最大弯沉值。

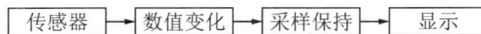

传感器 → 数值变化 → 采样保持 → 显示

图 1.1-10　落锤式弯沉仪测量原理图

落锤式弯沉仪检测沥青路面弯沉的整个测量过程由电脑程序控制自动完成（图 1.1-11），荷载时程和动态弯沉盆均由相应的传感器测定，传感器安装在承载板的中心以测试路表弯沉。

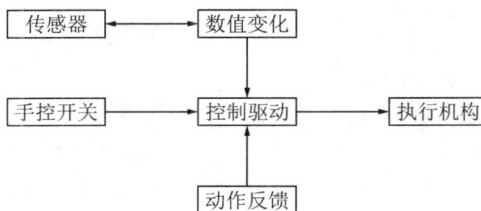

图 1.1-11　落锤式弯沉仪控制原理图

1.1.2.3　检测依据

落锤式弯沉仪法测定路面弯沉的检测依据主要有：

（1）行业标准《公路路基路面现场测试规程》JTG 3450—2019。

（2）行业标准《公路工程质量检验评定标准 第一册 土建工程》JTG F80/1—2017。

（3）行业标准《城镇道路工程施工与质量验收规范》CJJ 1—2008。

（4）行业标准《公路沥青路面设计规范》JTG D50—2017。

1.1.2.4　检测仪器及技术要求

落锤式弯沉仪由荷载发生装置、弯沉检测装置、控制系统与牵引车等组成，如图 1.1-12 所示，具体要求如下：

（1）荷载发生装置：重锤的质量及落高根据使用目的与道路等级选择，荷载由传感器测试。如无特殊需要，重锤的质量为（200±10）kg，可产生（50±2.5）kN 的冲击荷载。承载板十字对称分成 4 部分，且底部固定有橡胶片，直径一般为 300mm，也可为 450mm。

图 1.1-12　落锤式弯沉仪车内设备及车外承载板示意图

（2）弯沉检测装置：由一个或多个位移传感器组成（图 1.1-13），位移分辨力不大于 0.001mm。承载板中心应设有一个位移传感器，其他位移传感器布置在距离承载板中心 2500mm 范围内，并与中心传感器呈线性分布。用于反算路面结构层模量时，位移传感器总数应不少于 7 个且应包括距离承载板中心 0mm、300mm、600mm、900mm 的四个位置。

图 1.1-13　落锤式弯沉仪位移传感器示意图

（3）控制系统：在冲击荷载作用期间，测量并记录冲击荷载及各个位移传感器所在位置的动态变化。

（4）牵引车：牵引 FWD 并安装控制装置的车辆。

1.1.2.5　检测步骤

1）试验环境条件

（1）调整重锤的质量及落高，使重锤的质量及产生的冲击荷载符合第 1.1.2.4 节中的仪器的技术要求。

（2）检查 FWD 的车况及使用性能，确保功能正常。

（3）将 FWD 牵引至测试地点，行驶速度不宜超过 50km/h。

（4）开启 FWD，对传感器进行标定。

2）试验环境条件

（1）将 FWD 牵引至测试路段起始位置，打开设备对应配套软件，输入测试位置信息，设定好状态参数。

（2）将承载板中心位置对准测点，测点一般应布置在车道轮迹带处。落下承载板，放下弯沉检测装置的各传感器。传感器布置及应力作用状态见图 1.1-14。

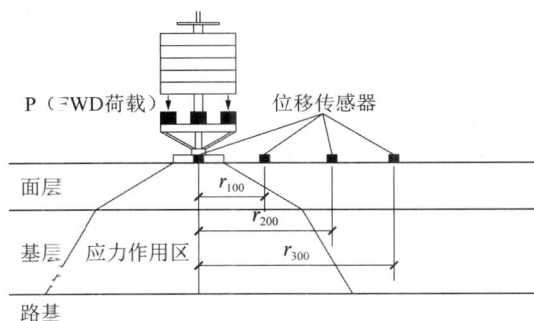

图 1.1-14　落锤式弯沉仪传感器布置及应力作用状态示意图

（3）启动荷载发生装置，落锤立即自由落下，冲击力作用于承载板上，又立即自动提升至原来位置固定。记录荷载数据，各个位移传感器测量记录路表变形数据，变形峰值即为弯沉值。每个测点应重复测试不少于 3 次。

（4）提起传感器及承载板，牵引车向前移动至下一个测点，重复步骤（2）～（3）完成测试路段的测试。

（5）现场检测作业时填写原始记录表，如表 1.1-12 所示。

落锤式弯沉仪检测现场记录表　　　　　表 1.1-12

	记录编号	
	工程名称	
	工程部位/用途	
样品信息		检测里程

续表

检测日期				试验条件	
检测依据				判定依据	
设备名称编号					
委托编号				检测编号	
公路等级		结构类型		规定值/0.01mm	
弯沉湿度影响系数K_1		温度影响系数K_3		路表温度/℃	
测试前5天平均气温/℃		沥青面层中点实测或预估温度T/℃		沥青面层厚度H_a/mm	
沥青上面层厚度/mm		平衡湿度下路基顶面回弹模量/MPa			
序号	文件名	起点桩号	终点桩号	长度	备注
备注					

1.1.2.6 结果计算及修正

（1）舍去承载板中心位移传感器的首次测值，计算其后几次测值的平均值，作为该点的弯沉值。

（2）按照行业标准《公路沥青路面设计规范》JTG D50—2017的规定，对弯沉值进行温度修正。落锤式弯沉仪中心点弯沉代表值按式(1.1-5)计算，且应符合下式：

$$l_r \leqslant l_a$$

式中：l_a——路表验收弯沉值（0.01mm）；

l_r——路段被实测路表弯沉代表值（0.01mm），按式(1.1-5)计算。

（3）参照本书附录B检测路段数据统计方法，计算一个路段的弯沉平均值、标准差及代表值。

1.1.2.7 检测案例分析

【案例】对某道路工程项目新建道路A桩号K1＋100～K1＋200段AC-13C沥青混合料上面层进行弯沉检测，现场为双向2车道，试验长度为100m，城镇道路等级为主干道，设计路基顶面回弹模量为60MPa。本次试验采用落锤式弯沉仪法对待检路段A进行检测。其检测频率参照行业标准《城镇道路工程施工与质量验收规范》CJJ 1—2008的要求，如表1.1-1所示。

（1）基本信息

新建道路段 A 的沥青混合料面层厚度为 180mm，试验时现场沥青面层路表中心点实测温度为 39.4℃，根据设计要求，平衡湿度状态下路基顶面回弹模量取 60MPa。

（2）软件端输入必要参数

由于新建路段 A 道路等级为城镇主干道，参照表 1.1-5 相关要求，目标可靠指标值 $\beta = 1.28$，根据当地经验，湿度修正系数 K_1 取 1.0，测点中心点实测温度为 39.4℃，沥青面层厚度为 180mm，输入软件。

（3）输出原始数据报表如表 1.1-13、表 1.1-14 所示。

落锤式弯沉原始记录输出表（一）

表 1.1-13

工程名称	某道路工程项目	试验日期	2024-01-03				
委托单位		试验依据	CJJ 1—2008、JTG D50—2017、JTG 3450—2019				
检测路段	某新建路段 A						
道路等级	主干道	仪器设备	落锤式弯沉仪（CFWD-10T）				
检测部位	沥青路面	环境温度	31.2℃				
检测单位		路面温度	39.4℃				
车向	车道	桩号	序号	载荷/kN	测量位移/μm	平均载荷/kN	等效弯沉/0.01mm	等效贝克曼梁	备注
---	---	---	---	---	---	---	---	---	---
左幅	第一	K1+105	1	50.72	139.86	49.93	12.02	12.02	
			2	49.40	121.59				
			3	49.66	112.12				
左幅	第一	K1+125	1	49.25	120.07	50.22	11.78	11.78	
			2	50.77	116.80				
			3	50.65	123.55				
左幅	第一	K1+145	1	50.05	105.60	49.47	11.89	11.89	
			2	49.07	113.95				
			3	49.29	102.22				
左幅	第一	K1+165	1	50.58	124.45	50.51	11.85	11.85	
			2	50.40	96.15				
			3	50.55	105.05				
左幅	第一	K1+185	1	49.46	81.80	49.87	10.05	10.05	
			2	50.63	98.31				
			3	49.51	116.72				
右幅	第一	K1+190	1	49.46	101.06	49.24	11.74	11.74	
			2	49.07	132.99				
			3	49.18	127.08				

续表

车向	车道	桩号	序号	载荷/kN	测量位移/μm	平均载荷/kN	等效弯沉/0.01mm	等效贝克曼梁	备注
右幅	第一	K1+170	1	50.51	100.51	49.97	9.88	9.88	
			2	50.00	81.21				
			3	49.41	122.44				
右幅	第一	K1+150	1	49.06	147.44	49.47	13.28	13.28	
			2	49.28	146.88				
			3	50.07	104.52				
右幅	第一	K1+130	1	49.01	80.99	49.71	12.20	12.20	
			2	50.97	148.32				
			3	49.14	127.7				
右幅	第一	K1+110	1	49.45	130.94	49.37	12.57	12.57	
			2	49.56	123.39				
			3	49.11	128.31				
备注									

落锤式弯沉原始记录输出表（二）　　　　　表 1.1-14

工程名称	某道路工程项目		检验编号			
检测单位			检测日期	2024-01-03		
委托单位			试验依据	CJJ 1—2008、D50—2017、JTG 3450—2019		
检测路段	新建道路 A					
设计弯沉	23		仪器设备	落锤式弯沉仪（CFWD-10T）		
材料类型	沥青路面		保证率系数			
湿度影响系数	1.0	温度影响系数	0.921	沥青厚度	15cm	总点数	10
中点实测温度	39.40	目标可靠指标	1.28	回弹模量	60	特异点数	0

序号	桩号	点数	平均载荷/kN	平均弯沉/0.01mm	标准差/0.01mm	代表弯沉/0.01mm	路面结构强度/PSSI	评价
1	K1+100～K1+200	10	49.93	11.72	3.8	13.66		合格
备注								

综上可得，本次检测统计 10 个点，弯沉平均值为 11.72（0.01mm），标准差为 3.8（0.01mm），代表弯沉值为 13.66（0.01mm）。由于该段道路弯沉设计值为 23（0.01mm），故本项目新建道路 A 桩号 K1+100～K1+200 段弯沉值检测符合设计要求。

1.1.2.8 检测报告

弯沉检测的检测报告应符合行业标准《公路路基路面现场测试规程》JTG 3450—2019、《公路工程质量检验评定标准 第一册 土建工程》JTG F80/1—2017、《城镇道路工程施工与质量验收规范》CJJ 1—2008 的相关要求，检测报告的主要内容包括：

（1）测试路段信息（桩号、路面结构层材料类型及设计厚度等）。

（2）路表弯沉温度影响系数、弯沉。

（3）测试路段的弯沉平均值、标准差及代表值。

（4）如有需要可包含弯沉盆数据。

1.1.2.9 注意事项

行业标准《公路路基路面现场测试规程》JTG 3450—2019 中，针对落锤式弯沉仪测试方法的条文说明中规定，虽现在不再对落锤式弯沉仪与贝克曼梁弯沉仪相关性试验做强制要求，但如需要得到落锤式弯沉仪与贝克曼梁弯沉仪相关性试验，可按如下步骤进行：

1）路段选择

选择结构类型完全相同的路段，针对不同地区选择某种路面结构的代表性路段，进行两种测试方法的对比试验，以便将落锤式弯沉仪测试的动弯沉换算成贝克曼梁测试的回弹弯沉值。选择的路段长度为 300～500m，弯沉值一般有一定的变化幅度。

2）相关性试验步骤

（1）采用与实际使用相同且符合要求的落锤式弯沉仪及贝克曼梁弯沉仪测试车。落锤式弯沉仪的冲击荷载应与贝克曼梁弯沉仪测试车的后轴双轮荷载相同。

（2）标记路段起点位置。

（3）布置测点位置，按贝克曼梁法的测试步骤（见 1.1.1.5 节）用贝克曼梁定点测试回弹弯沉。测试车开走后，以测点为圆心在周围画一个半径为 150mm 的圆，标明测点位置。

（4）将落锤式弯沉仪的承载板对准圆圈，位置偏差不超过 30mm，按本方法测试步骤进行测试。两种仪器对同一点弯沉测试的时间间隔不应超过 10min。

（5）逐点计算两种方式弯沉值的相关性关系。通过对比试验得出回归方程：

$$l_B = a + bl_{FWD}$$

式中：l_{FWD}——落锤式弯沉仪测试的弯沉值；

l_B——贝克曼梁测试的弯沉值。

需要注意的是，回归方程的相关系数 R 应不小于 0.95。

3）相关性试验示例

相关性试验示例如表 1.1-15 所示，该示例的相关性曲线如图 1.1-15 所示。

落锤式弯沉仪相关系数数据表　　　　　　　　　　　　　表 1.1-15

试验编号	贝克曼梁弯沉值/0.01mm				落锤式弯沉仪弯沉值	协方差 Cov	贝克曼梁弯沉值标准差 S_1	落锤弯沉仪弯沉值S_2	相关系数R
	加载读数/0.01mm	卸载读数/0.01mm	弯沉值	修正弯沉值					
1	488	482	12	12	12				
2	720	715	10	10	11				
3	347	343	8	8	9				
4	651	642	18	18	19				
5	600	591	18	18	19				
6	570	565	10	10	9				
7	405	397	16	16	15				
8	468	462	12	12	11				
9	823	818	10	10	9				
10	571	561	20	20	19	12.42	3.44	3.75	0.96
11	717	709	16	16	17				
12	815	807	16	16	17				
13	456	450	12	12	11				
14	454	444	20	20	21				
15	429	420	18	18	19				
16	847	840	14	14	15				
17	707	699	16	16	15				
18	726	719	14	14	13				
19	625	616	18	18	16				
20	412	406	12	12	12				
备注	沥青面层厚度为200mm，需进行沥青面层温度修正，计算可得温度修正系数K = 0.98606333								

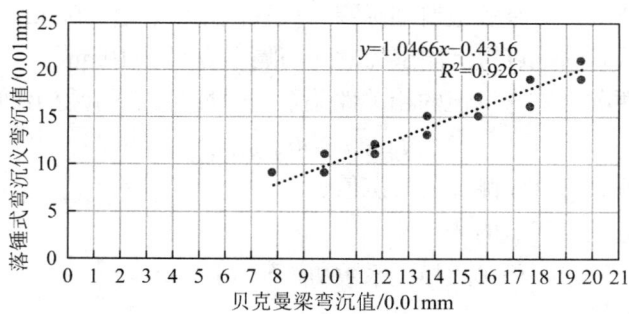

$y = 1.0466x - 0.4316$
$R^2 = 0.926$

图 1.1-15　贝克曼梁弯沉仪与落锤式弯沉仪相关性曲线

1.2 压实度

沥青路面的压实度是沥青混凝土路面施工时质量的一个控制指标,其在一定程度上反映了沥青路面的抗车辙能力和耐久性能,是道路工程路面质量评定中的重要指标。沥青路面压实度检测方法主要有:

（1）钻芯测试路面压实度法。

（2）核子密湿度仪测试压实度法。

（3）无核密度仪测试压实度法。

工程实践中最常见的检测方法为钻芯测试路面压实度法,但仍有部分地区采用核子密湿度仪以及无核密度仪进行检测,故一并在本节进行介绍。

关于沥青路面压实度的检测频率,行业标准《城镇道路工程施工与质量验收规范》CJJ 1—2008 中的要求如表 1.2-1 所示,行业标准《公路工程质量检验评定标准 第一册 土建工程》JTG F80/1—2017 中的要求如表 1.2-2 所示。

《城镇道路工程施工与质量验收规范》检测频率要求　　表 1.2-1

序号	规定值或允许偏差	检测方法	检测频率
1	城市快速路、主干路不应小于 96%; 次干路及以下道路不应小于 95%	钻芯法	每 1000m² 测 1 点

《公路工程质量检验评定标准 第一册 土建工程》检测频率要求　　表 1.2-2

序号	规定值或允许偏差		检测频率
	高速公路/一级公路	其他公路	
1	≥实验室标准密度的 96%（*98%） ≥最大理论密度的 92%（*94%） ≥试验段密度的 98%（*99%）		每 200m 测 1 点。核子（无核）密度仪每 200m 测 1 处,每处 5 点
备注	表中高速公路、一级公路应选用 2 个标准评定,以合格率低的作为评定结果;其他公路选用 1 个标准进行评定。带*号的指 SMA 路面		

1.2.1 钻芯测试路面压实度法

1.2.1.1 试验范围

本方法适用于测试从压实的沥青路面上钻取沥青混合料芯样的密度,并计算施工压实度,以评价结构层的压实质量。

1.2.1.2 试验原理

通过钻取沥青路面代表性芯样,测定其毛体积密度,用来评价沥青面层的压实情况。

1.2.1.3 检测依据

目前沥青压实度检测的依据主要有:

（1）行业标准《公路路基路面现场测试规程》JTG 3450—2019。

（2）行业标准《城镇道路工程施工与质量验收规范》CJJ 1—2008。

（3）行业标准《公路工程质量检验评定标准 第一册 土建工程》JTG F80/1—2017。

（4）行业标准《公路工程沥青及沥青混合料试验规程》JTG E20—2011。

1.2.1.4 检测仪器及技术要求

钻芯测试路面压实度法需要下列仪器与工具：

（1）路面取芯钻机：车载式，配有淋水冷却装置。钻头的标准直径为100mm。

（2）天平：分度值不大于0.1g。

（3）水槽：温度变化控制在±0.5℃以内。

（4）吊篮。

（5）石蜡。

（6）其他：卡尺、毛刷、取样袋（容器）、电风扇。

1.2.1.5 检测步骤

1）钻芯取样

（1）按本书附录A检测路段现场抽样选点方法确定沥青路面压实度的取样位置，将取样位置清扫干净后，参照行业标准《公路路基路面现场测试规程》JTG 3450—2019 中 T 0903规定的方法钻取路面芯样，芯样直径不宜小于100mm。当一次钻孔取得的芯样包含不同层位的沥青混合料时，应根据结构组合情况用切割机将芯样沿各层结合面锯开分层进行测试。

（2）钻孔取样应在路面完全冷却后进行，普通沥青路面通常在第二天取样，改性沥青及SMA路面宜在第三天以后取样。

2）测试试件密度

（1）在水中用毛刷轻刷去除钻取试件上黏附的粉尘。如试件边角有浮松颗粒应仔细清除。

（2）将试件晾干或用电风扇吹干，放置不少于24h，直至恒重。

按行业标准《公路工程沥青及沥青混合料试验规程》JTG E20—2011 的沥青混合料试件密度试验方法测试试件密度ρ_s。对于不同吸水率的各种沥青混合料试件应采用不同的密度试验方法，可以具体分为：

①对于吸水率不大于2%的沥青混合料试件，包括密级配沥青混凝土、沥青玛蹄脂碎石混合料（SMA）以及沥青稳定碎石等沥青混合料试件等，可采用表干法测定。

②对于吸水率小于0.5%的密实沥青混合料试件，可采用水中重法测定。

③对于吸水率大于2%的沥青混凝土或沥青碎石混合料试件，可采用蜡封法测定。

④对于不适用表干法、蜡封法测定的空隙率较大的沥青碎石混合料及大空隙透水性开级配沥青混合料（OGFC），可采用体积法测定。

根据行业标准《公路路基路面现场测试规程》JTG 3450—2019 的要求，通常采用表干法测试沥青混凝土路面沥青试件的毛体积相对密度；而在检验施工质量时，允许采用水中重法测试表观相对密度。

同时，根据行业标准《公路路基路面现场测试规程》JTG 3450—2019 的要求，沥青混合料的标准密度应按行业标准《公路沥青路面施工技术规范》JTG F40—2004 的规定确定。

（3）填写原始记录表，如表 1.2-3 所示。

沥青压实度检测现场记录表 　　　　　表 1.2-3

工程名称											
工程部位/用途											
样品信息				委托编号				检测编号			
试验检测日期					试验条件						
检测依据					判定依据						
仪器名称编号											
测定密度的方法				□表干法		□水中重法			□蜡封法		
马歇尔试验密度/（g/cm³）			马歇尔密度要求压实度/%			最大理论密度/（g/cm³）		理论密度要求压实度/%			水温

试样编号	桩号部位	直径/mm	芯样厚度/mm					试样空中质量/g	试件水中质量或蜡封试件空中质量/g	试件表干质量或蜡封试件水中质量/g	石蜡对水的相对密度	实测密度/（g/cm³）	马歇尔密度压实度/%	理论密度压实度/%
			单点测试值				平均值							
			1	2	3	4								
备注														

1.2.1.6　结果计算

1）按如下公式计算该路段抽检试样的吸水率、实测密度

（1）吸水率计算见下式，保留 1 位小数：

$$S_a = \frac{m_f - m_a}{m_f - m_w} \times 100$$

式中：S_a——试件的吸水率（%）；

m_a——干燥试件的空中质量（g）；

m_w——试件的水中质量（g）；

m_f——试件的表干质量（g）。

（2）按下式计算试件的实测相对密度以及实测密度，保留 3 位小数：

$$\gamma_s = \frac{m_a}{m_f - m_w}$$

$$\rho_s = \frac{m_a}{m_f - m_w} \times \rho_w$$

式中：γ_s——试件实测相对密度，无量纲；

ρ_s——试件实测密度（g/cm³）；

ρ_{w}——25℃时水的密度，取 0.9971g/cm³。

2）当计算压实度的标准密度采用实验室实测的马歇尔击实试验密度或试验路段钻孔取样密度时，沥青面层的压实度计算式如下：

$$K = \frac{\rho_{\mathrm{s}}}{\rho_0} \times 100$$

式中：ρ_{s}——沥青混合料芯样试件的实测密度（g/cm³）；

ρ_0——沥青混合料的标准密度（g/cm³）。

3）计算压实度的标准密度采用最大理论密度时，沥青面层的压实度计算式如下：

$$K = \frac{\rho_{\mathrm{s}}}{\rho_{\mathrm{t}}} \times 100$$

式中：ρ_{t}——沥青混合料的最大理论密度（g/cm³）。

4）按本书附录 B 检测路段数据统计方法，计算一个测试路段压实度的平均值、标准差、变异系数，并计算压实度代表值。

1.2.1.7 检测案例分析

【案例】对某道路工程项目新建道路 A 桩号 K13 + 350～K13 + 709 段细粒式沥青混凝土 AC-13C 上面层进行压实度检测，现场为双向 2 车道，检测长度为 359m，本次试验中采用钻芯测试路面压实度法对待检路段路 K13 + 350～K13 + 709 段双车道进行检测。其检测频率参照行业标准《城镇道路工程施工与质量验收规范》CJJ 1—2008 的要求，如表 1.2-1 所示，共有 2 个检测统计点。

（1）基本信息

新建道路段 A 细粒式沥青混凝土 AC-13C 上面层设计厚 40mm，沥青压实度设计值 ≥ 97%。根据此路段沥青混合料成品质量检测报告可知，该面层标准密度为 2.375g/cm³，室内试验环境温度为 23℃，采用表干法进行密度测定试验，试验水温为 25℃。按照行业标准《公路路基路面现场测试规程》JTG 3450—2019 中 T 0903 规定的方法钻取路面芯样并测量各芯样厚度。

（2）现场数据记录

沥青压实度试验数据见表 1.2-4。

沥青压实度检测示值   表 1.2-4

试样编号	桩号部位	直径/mm	芯样厚度/mm					试样空中质量 m_{a}/g	试件水中质量或蜡封试件空中质量 m_{w}/g	试件表干质量或蜡封试件水中质量 m_{f}/g	石蜡对水的相对密度	实测密度 ρ_{s}/（g/cm³）	马歇尔密度压实度 ρ_0/%	理论密度压实度 K/%
			单点测试值				平均值							
			1	2	3	4								
1	K13 + 520 左幅车道	99.9	42	40	40	39	40	668.0	387.0	672.0		2.337	2.375	98.4
2	K13 + 680 右幅车道	100.0	42	42	38	41	41	667.9	384.4	670.8		2.325	2.375	97.9
备注		对于吸水率≤2%的沥青混合料试件应采用表干法测试												

试验得出北侧 1 号桩玉实度为 98.4%，北侧 2 号桩压实度为 97.9%，该段道路沥青压实度设计值大于或等于 97%，故本项目新建道路 K13＋350～K13＋709 段北侧 1、2 号桩新建 AC-13C 沥青混合料二面层压实度符合设计要求。

1.2.1.8　检测报告

沥青压实度检测的检测报告应符合行业标准《公路路基路面现场测试规程》JTG 3450—2019、《公路工程质量检验评定标准　第一册　土建工程》JTG F80/1—2017、《城镇道路工程施工与质量验收规范》CJJ 1—2008 的相关要求，检测报告的主要内容包括：

（1）测点位置（桩号、层位等）。

（2）实测密度、标准密度（或最大理论密度）、压实度。

（3）测试路段压实度的平均值、标准差、变异系数以及代表值。

参照上述工程实例，现场检测报告模板如表 1.2-5 所示。

沥青路面芯样压实度、厚度试验检测报告　　　　　　　　　表 1.2-5

施工/委托单位					工程名称				某道路工程项目
工程部位/用途		新建道路 K13＋350～K13＋709 段双车道细粒式沥青混凝土 AC-13C 上面层							
样品信息		细粒式沥青混凝土 AC-13C							
检测依据		JTG 3450—2019、JTG E20—2011				判定依据			CJJ 1—2008
主要仪器设备名称及编号									
试验或标准要求值		压实度 ≥ 97%			标准密度/（g/cm³）			2.375	
委托日期					试验日期				
委托编号					检测编号				
编号	里程桩号及位置	厚度/mm	试件密度/（g/cm³）	压实度/%	编号	里程桩号及位置	厚度/mm	试件密度/（g/cm³）	压实度/%
1	K13＋520 左幅车道	40	2.337	98.4					
2	K13＋680 右幅车道	41	2.325	97.9					
测定点数	平均值	标准差/%	变异系数/%	压实度代表值/%		合格点数		合格率	
2	98.2	0.25	0.25	97.6		2		100.0%	
检测结论		本次共检测 2 点，该路段上面层沥青压实度全部符合设计要求							

1.2.2 核子密湿度仪测试压实度法

1.2.2.1 试验范围

本方法适用于测试路基、路面材料的密度和含水率，并计算施工压实度，以评价结构层的压实质量。其中，根据路面结构层，可采用散射和直接透射两种方式。散射方式宜用于测试沥青混合料面层的压实密度或硬化混凝土等难以打孔材料的密度。直接透射方式宜用于测试厚度不大于 30cm 的土基、基层材料或非硬化水泥混凝土等可以打孔材料的密度及含水率。

1.2.2.2 试验原理

核子密湿度仪的工作原理是射线的吸收和散射原理。当射线通过物质时，会发生散射和吸收现象。散射是指射线与物质中的原子核或电子相互作用，改变方向并减弱强度。吸收是指射线被物质中的原子核或电子吸收，使射线强度减弱。

核子密度仪利用射线吸收的原理，测量物质的密度。当射线通过物质时，会被物质中的原子核或电子吸收。吸收的程度取决于物质的密度。密度越大，吸收的射线越多，射线强度越低。反之，密度越小，吸收的射线越少，射线强度越高。核子密度仪通过测量射线强度的变化来确定物质的密度。具体来说，核子密度仪发射一束射线，射线通过物质后，被射线接收器接收。射线接收器将接收到的射线信号转换为电信号，传送到电子学模块。电子学模块对信号进行处理，并计算出物质的密度，最终在显示屏上显示测量结果。

1.2.2.3 检测依据

目前沥青压实度检测的依据主要有：

（1）行业标准《公路路基路面现场测试规程》JTG 3450—2019。

（2）行业标准《公路工程质量检验评定标准 第一册 土建工程》JTG F80/1—2017。

1.2.2.4 检测仪器及技术要求

核子密湿度仪（简称：核子仪）应符合行业标准《公路路基路面现场测试规程》JTG 3450—2019 的要求，应每 12 个月进行一次校验。密度的测试范围为 1.12～2.73g/cm³，测试允许误差不超过 ±0.03g/cm³。含水量测量范围为 0～0.64g/cm³，测试允许误差为 ±0.015g/cm³。

核子仪主要包括下列部件。

（1）放射源：γ射线源（双层密封的同位素放射源，如铯-137、钴-60 或镭-226 等）或中子源（如镅-241、铍等）。

（2）探测器：γ射线探测器（如 G-M 计数管）或热中子探测器（如氦-3 管）。

（3）读数显示设备：如液晶显示器、脉冲计数器、数率表或直接读数表等。

（4）标准计数块：密度和含氢量均匀不变的材料块，用于标验仪器运行状况和提供射线计数的参考标准。

（5）钻杆：用于打测式孔以便插入探测杆。

（6）安全防护设备：符合国家规定要求的设备。

（7）刮平板、钻杆、接线等。

（8）细砂：0.15～0.3mm。

（9）其他：毛刷等。

1.2.2.5　检测步骤

1）准备工作

核子仪经维修或在使用过程中不能满足规定的限值时，应重新校验后使用。校验后仪器在所有标定块上每一测试深度上的标定响应均应达到±16kg/m³。每天使用前或者对测试结果有怀疑时，按下列步骤测试标准值：

（1）将核子仪置于表面经压实且平整的地点，距其他放射源至少8m。

（2）接通电源，按照要求预热。

（3）将核子仪置于标准块上，按照要求评定标准计数。如标准计数超过规定限值，进行二次标准计数，若仍超出规定限值，需视作故障，进行返修处理。

2）测试步骤

（1）确定测试位置，距路面边缘或其他物体的距离不得小于30cm。

（2）检查核子仪周围8m之内是否存在其他放射源（含另外的核子仪），如果有应移开或重新选点。

（3）当用散射法测试沥青路面密度时，应先用细砂填平测点表面孔隙（图1.2-1），再按图1.2-2所示的方法将仪器置于测点上。

（4）当使用直接透射法测试时，用导板、钻杆等在测点表面打孔，孔深应大于测试深度，且插进探杆后仪器不倾斜，如图1.2-3所示。按图1.2-4所示的方法将探杆插入测试孔内，前后或左右移动仪器，使之稳固。

（5）开机并选定测试时间后进行测量，测试人员退出至距核子仪2m以外。到达测试时间后，测试人员读取并记录示值，迅速关机，将手柄置于安全位置，结束本次测试。

需要注意的是，不同型号的核子仪具体操作步骤略有不同，可按照设备相应要求操作。

（6）测试结束后，核子仪应装入专用的仪器箱内，放置在符合核辐射安全规定的地方。

（7）根据相关性试验结果确定材料的湿密度和含水率，并计算干密度及压实度；对于沥青混合料面层，用确定的材料湿密度直接计算压实度。用散射法时，一组测值不应少于13点，取平均值作为该段的压实结果。

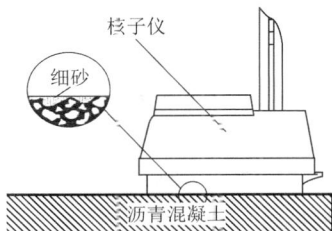

图1.2-1　用细砂填平测试位置的方法图　　图1.2-2　在路表面上打孔的方法

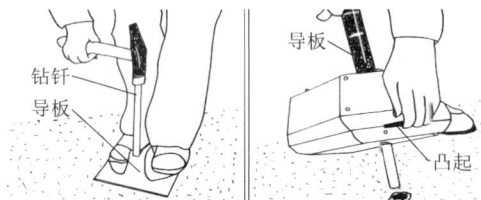

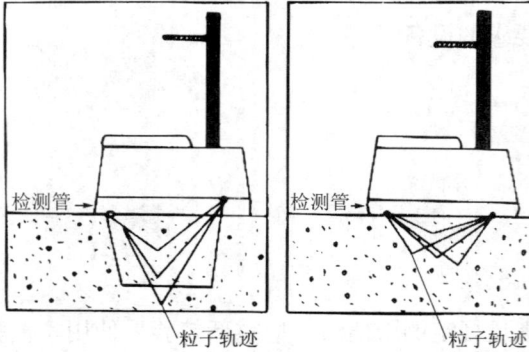

图 1.2-3　用散射法测试的方法　　　图 1.2-4　用直接透射法测试的方法

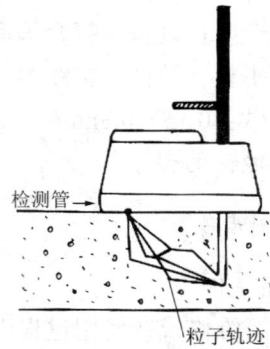

1.2.2.6　结果计算

（1）根据下列两式计算施工干密度及压实度：

$$\rho_d = \frac{\rho_w}{(1+w)}$$

$$K = \frac{\rho_d}{\rho_c} \times 100$$

式中：ρ_d——沥青混合料的实测密度（g/cm³）；

ρ_w——试样的湿密度（g/cm³）；

w——含水率，以小数表示；

ρ_c——沥青混合料的标准密度（g/cm³）。

（2）按本书附录 B 的检测路段数据统计方法，计算一个测试路段压实度的平均值、标准差、变异系数，并计算压实度代表值。

1.2.2.7　检测报告

沥青压实度检测报告应符合行业标准《公路路基路面现场测试规程》JTG 3450—2019、《公路工程质量检验评定标准 第一册 土建工程》JTG F80/1—2017、《城镇道路工程施工与质量验收规范》CJJ 1—2008 的相关要求，检测报告的主要内容包括：

（1）测试路段信息（桩号、结构层类型及厚度等）。

（2）实测密度、标准密度、压实度。

（3）测试路段压实度的平均值、标准差、变异系数及代表值。

（4）若进行相关性试验，还应包含修正值或相关性关系式及相关系数。

1.2.2.8　注意事项

根据行业标准《公路路基路面现场测试规程》JTG 3450—2019 中对于核子仪的相关要求，在沥青混合料大规模施工前，应确定核子仪法与钻芯取样法的相关性。其具体步骤为：

（1）选定 200m 以上段落作为试验段。

（2）按照本节 1.2.2.5 中的步骤（2）～（5）进行测试。

（3）对于沥青路面，应参照本书附录 A 检测路段现场抽样选点方法中的规定在测点位置测试压实度。

（4）对路面厚度、配合比设计、碾压遍数、松铺厚度、机械组合及压实度标准相同的路面结构层，使用前应在试验段至少测试 15 处，求取两种不同方法在每处的偏差值$\Delta\rho_i$，计算平均值作为修正值Δ，将修正值Δ输入到核子仪中，计算并保存。

（5）对路面厚度、配合比设计、松铺厚度及机械组合相同，压实度标准不同的路面结构层，使用前可选取多个试验段进行相关性试验，每个试验段至少测试 10 处，其相关系数R应不小于 0.95。

1.2.3 无核密度仪测试压实度法

1.2.3.1 试验范围

本方法适用于现场无核密度仪快速测试当日铺筑且未开放交通的沥青路面各层沥青混合料的密度测试，并计算压实度，但是同时应注意到无核密度仪测试压实度法的测试结果不宜用于评定验收。

1.2.3.2 试验原理

无核密度仪工作原理如图 1.2-5 所示，由于沥青路面材料的密度与介电常数之间存在一定的比例关系，可通过感应板产生探测磁场来测试压实沥青混合料的介电常数，然后利用电子部件将场信号转换成密度读数。在无核密度仪的设置菜单中输入测试路面材料的标准密度（即最大理论密度或室内马歇尔密度），即可在无核密度仪显示屏上直接获得相应的压实度读数，并可测得表面温度和湿度。同时，无核密度仪通过调整电磁波强度来改变穿透深度，从而合理地进行不同厚度不同级配类型沥青混合料压实度的检测。无核密度仪具有高效、精度高和携带方便等优点。

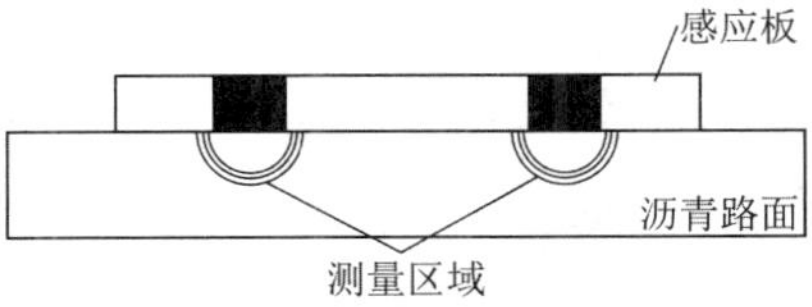

图 1.2-5 无核密度仪工作原理示意图

1.2.3.3 检测依据

目前沥青压实度检测的依据主要有：

（1）行业标准《公路路基路面现场测试规程》JTG 3450—2019。

（2）行业标准《公路工程质量检验评定标准 第一册 土建工程》JTG F80/1—2017。

1.2.3.4 检测仪器及技术要求

无核密度仪应内含电子模块和可充电电池。探头应无核，无电容。无核密度仪的技术要求如下：

（1）最大探测深度：≥10cm。

（2）最小探测深度：≤2.5cm。

（3）单次测量时间：不大于5s。

（4）精度：0.003g/cm³。

（5）配有标准密度块供无核密度仪自校时使用。

1.2.3.5 检测步骤

1）准备工作

（1）第一次使用无核密度仪前应对软件进行设置并储存，使操作者无需每次开机后都进行软件设置。

（2）使用无核密度仪前，应严格用标准密度块标定，通过相关性试验检验，确认其可靠性。

2）测试步骤

（1）参照本书附录A检测路段现场抽样选点方法的规定确定测试位置，距路面边缘或其他物体的最小距离不得小于30cm，且表面干燥。

（2）把无核密度仪平稳地置于测试位置上，保证仪器不晃动。当路表结构凹凸不平时，可用细砂填平测试位置的空隙，使路表面平整，能与仪器紧密接触。

（3）开机后应检查无核密度仪的工作状态，如电池电压、内部温度、设置测试日期、时间、测值编号等。

（4）进入测试界面，设置沥青面层厚度、测量单位、最大公称粒径等参数，选择单点测量模式，进入待测状态。

（5）长按测试键，3秒后读取数据并记录。被测试材料表面的湿度值应在0~10之间，若测值超过10，数据作废，应重新选点测试。

（6）当采用修正值方法时，显示原始数据为ρ_d；当采用相关性公式时，将原始数据代入相关性公式，计算实测密度ρ_d，精确至0.01g/cm³。

1.2.3.6 结果计算

（1）沥青面层的压实度按下式计算：

$$K = \frac{\rho_d}{\rho_0} \times 100$$

式中：ρ_d——沥青混合料的实测密度（g/cm³）；

ρ_0——沥青混合料的标准密度（g/cm³）。

（2）按本书附录B检测路段数据统计方法，计算一个测试路段压实度的平均值、标准差、变异系数，并计算压实度代表值。

1.2.3.7 检测报告

沥青压实度检测的正式报告应符合行业标准《公路路基路面现场测试规程》JTG 3450—2019、行业标准《公路工程质量检验评定标准 第一册 土建工程》JTG F80/1—2017的相关要求，检测报告的主要内容包括：

（1）测点位置（桩号、层位等）。

（2）实测密度、标准密度、压实度。

（3）测试路段压实度的平均值、标准差、变异系数及代表值。

（4）若进行相关性试验，还应包含修正值或相关性关系式及相关系数。

1.2.3.8　注意事项

无核密度仪结果应与钻芯法压实度测试结果进行相关性试验，并得出相关性公式以及相关系数。

1）路段选择

（1）选择不短于 200m 长度的试验路段。

（2）确定测试位置。

（3）对路面厚度、配合比设计、碾压遍数、松铺厚度、机械组合及压实度标准相同的路面结构，应测试不少于 5 处。对路面厚度、配合比设计、松铺厚度及机械组合相同，压实度标准不同的路面结构，应测试不少于 10 处。

2）试验步骤

（1）每处测试位置按照图 1.2-6 确定 5 个点位，使用无核密度仪，按照本书 1.2.3.5 节中步骤（2）～（5）对各测点进行测试，选择平均读取模式依次读取并记录显示的密度、湿度和温度等数值，取密度平均值作为该处密度测试结果。

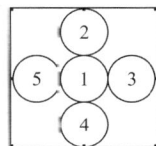

（2）在每一测试位置钻取芯样，进行压实度测试。

图 1.2-6　五点法示意图

1.3　厚度

在路面工程中，路面结构层的厚度与道路整体强度密切相关，只有在保证厚度的情况下，路面的整体质量才能得到应有的保证。而严格控制各结构层的厚度，除了能保证质量外，还能对路面的标高起到一定的控制作用。因此，参照行业标准《城镇道路工程施工与质量验收规范》CJJ 1—2008，沥青混凝土的面层厚度应作为主控项目进行质量检验。沥青路面的厚度检测方法主要有：

（1）钻芯测试路面厚度法。

（2）短脉冲雷达测试路面厚度法。

在工程实践中钻芯测试路面厚度法以及短脉冲雷达测试路面厚度法均广泛应用，本节详细介绍。

关于沥青路面厚度的检测频率，行业标准《公路工程质量检验评定标准 第一册 土建工程》JTG F80/1—2017 的要求如表 1.3-1 所示，行业标准《城镇道路工程施工与质量验收规范》CJJ 1—2008 的要求如表 1.3-2 所示。

《公路工程质量检验评定标准 第一册 土建工程》检测频率要求　　　表 1.3-1

厚度	规定值或允许偏差		检测频率
	高速公路一级公路	其他公路	
代表值	总厚度：$-5\%H$ 上面层：$-10\%h$	$-8\%H$	每 200m 测 1 点

续表

厚度	规定值或允许偏差		检测频率
	高速公路一级公路	其他公路	
合格值	总厚度：$-10\%H$ 上面层：$-20\%h$	$-15\%H$	每 200m 测 1 点
备注	表中沥青层厚度仅规定负允许偏差。H 为沥青层总厚度，h 为沥青上面层厚度；其他公路的厚度代表值和合格值允许偏差按总厚度计，当 $H \leqslant 60mm$ 时，允许偏差分别为 $-5mm$ 和 $-10mm$；当 $H > 60mm$ 时，允许偏差分别为 $-8\%H$ 和 $-15\%H$		

《城镇道路工程施工与质量验收规范》检测频率要求 　　　　表 1.3-2

序号	规定值或允许偏差	检测方法	检测频率
1	面层厚度应符合设计规定，允许偏差为 $-5\sim+10mm$	钻芯法	每 1000m² 测 1 点

1.3.1　钻芯测试路面厚度法

1.3.1.1　试验范围

钻芯法适用于沥青面层、水泥混凝土路面板和能够取出完整芯样的基层的厚度测试，其适用范围较广。

1.3.1.2　试验原理

利用专用钻芯机从沥青混凝土中钻取芯样以检测路面结构层厚度或观察结构层内部质量。由于该法会对路面结构层造成局部损伤，因此是一种半破损的现场检测手段。

1.3.1.3　检测依据

目前沥青路面厚度检测的依据主要有：

（1）行业标准《公路路基路面现场测试规程》JTG 3450—2019。

（2）行业标准《公路工程质量检验评定标准 第一册 土建工程》JTG F80/1—2017。

（3）行业标准《城镇道路工程施工与质量验收规范》CJJ 1—2008。

1.3.1.4　检测仪器及技术要求

（1）路面取芯机：手推式或车载式，配有淋水冷却装置。钻头的标准直径为 100mm。如芯样仅用以测量厚度，不做其他试验，对沥青面层与水泥混凝土板也可用直径 50mm 的钻头，但钻孔深度均必须达到层厚。

（2）量尺：钢直尺、游标卡尺，分度值不大于 1mm。

（3）其他：直尺、棉纱等。

1.3.1.5　检测步骤

1）准备工作

（1）按本书附录 A 检测路段现场抽样选点方法确定钻芯取样的位置，若为既有道路，应避开坑洞等显著缺陷或妥缝位置。

（2）在选择的试验地点，选一块约 400mm×400mm 的平坦表面用毛刷将其清扫干净。

2）测试步骤

（1）按行业标准《公路路基路面现场测试规程》JTG 3450—2019 中 T 0503 规定的取样步骤，用路面取芯机钻孔并取出芯样，钻孔深度应超过测试层的底面。

（2）取出完整芯样，找出与下层的分界面。

（3）用钢直尺或游标卡尺在沿芯样圆周对称的十字方向测量表面至分界面的高度，共测四处，计算其平均值，即为该层的厚度 T_1，以 mm 计，精确至 1mm。清理坑中的残留物，用棉纱等吸干钻孔时留下的积水，待干燥后采用同类型材料填补压实。

（4）现场填写原始记录表，如表 1.3-3 所示。

路面厚度检测现场记录表　　　　　　　　　　表 1.3-3

记录编号					
工程名称					
工程部位					
样品信息					
试验日期			试验条件		
检测依据			判定依据		
仪器设备名称及编号		钻芯机/		钢直尺/	
检测里程					
委托编号			检测编号		
编号	测点位置	路面厚度值/mm		平均值/mm	差值/mm
		单点测试值			
备注					

1.3.1.6 数据处理

（1）按式(1.3-1)计算实测厚度 T_{1i} 与设计厚度 T_{0i} 之差：

$$\Delta T_i = T_{1i} - T_{0i} \qquad (1.3\text{-}1)$$

式中：T_{1i}——路面第 i 层的实测厚度（mm）；

T_{0i}——路面第 i 层的设计厚度（mm）；

ΔT_i——路面第 i 层厚度的偏差（mm）。

（2）按本书附录 B 检测路段数据统计方法，计算一个测试路段厚度的平均值、标准差，并计算厚度代表值。

1.3.1.7 检测案例分析

【案例】对某道路工程项目新建道路 K13＋350～K13＋709 段双车道细粒式沥青混凝土 AC-13C 上面层进行厚度检测，现场为双向 2 车道，检测长度为 359m，本次试验中采用钻芯测试路面厚度的方法对待检路段进行检测，其检测频率参照行业标准《城镇道路工程施工与质量验收规范》CJJ 1—2008 的要求，见表 1.3-2。

（1）基本信息

某道路工程项目新建道路 K13＋350～K13＋709 段细粒式沥青混凝土 AC-13C 上面层设计厚度为 40mm。

（2）现场数据记录如表 1.3-4 所示。

路面厚度检测现场记录表　　　　表 1.3-4

编号	测点位置	路面厚度值/mm				平均值/mm	差值/mm
		单点测试值					
1	K13＋520 左幅车道	42	40	40	39	40	0
2	K13＋680 右幅车道	42	42	38	41	41	+1
备注							

其中，共有 2 个检测统计点。经过钻芯取样得出北侧 1 号桩厚度为 40mm，北侧 2 号桩厚度为 41mm，该段道路沥青面层 AC-13C 厚度设计值为 40mm，根据《城镇道路工程施工与质量验收规范》CJJ 1—2008 中第 8.5.1 条，热拌沥青混合料面层厚度应符合设计规定，允许偏差为−5～+10mm，故本项目新建道路 K13＋350～K13＋709 段北侧 1、2 号桩新建 AC-13C 沥青混合料上面层厚度符合设计要求。

1.3.1.8 检测报告

沥青混凝土路面厚度的检测报告应符合行业标准《公路路基路面现场测试规程》JTG 3450—2019、行业标准《公路工程质量检验评定标准 第一册 土建工程》JTG F80/1—2017、行业标准《城镇道路工程施工与质量验收规范》CJJ 1—2008 的相关要求，检测报告的主要内容包括：

（1）现场测试位置信息（桩号、路面结构层类型等）。

（2）各测试位置的路面厚度实测值和设计值、路面厚度偏差。

（3）测试路段厚度的平均值、标准差、代表值。

参照上述工程实例，现场检测报告模板如表 1.3-5 所示。

路基路面厚度试验检测报告（钻芯法）　　　　表 1.3-5

委托单位	某工程有限公司		工程名称		某道路工程项目	
工程部位	新建道路 K13＋350～K13＋709 段双车道细粒式沥青混凝土 AC-13C 上面层					
样品信息	细粒式沥青混凝土 AC-13C 上面层					
检测依据	JTG 3450—2019			判定依据	CJJ 1—2008	
仪器名称及编号	钻芯机/　　　　　　钢直尺/					
设计/标准值/mm	40			试验日期		
检测里程	K13＋350～K13＋709 段双车道					
委托编号				检测编号		
编号	测点位置	路面厚度/mm	差值/mm	编号	测点位置	路面厚度/mm	差值/mm
1	K13＋520 左幅车道	40	0	2	K13＋680 右幅车道	41	+1
检测结果	统计点数	2	保证率	—	变异系数	—
	平均值/mm	—	标准差/mm	—	代表值/mm	—
	结论	本次共检测 2 个点，全部符合 CJJ 1—2008 中设计值−5mm～+10mm 的偏差范围要求。				
	备注	行业标准 CJJ 1—2008 中未对标准差、变异系数等作要求，本报告不予体现。				

1.3.2　短脉冲雷达测试路面厚度方法

1.3.2.1　试验范围

本方法适用于采用短脉冲雷达测试沥青路面面层厚度，但不适用于潮湿路面或用富含铁矿渣集料等介电常数较高的材料铺筑的路面。

1.3.2.2　试验原理

雷达快速检测厚度的基本原理（反射探测法），如图 1.3-1 所示。地质雷达向地下发射一定强度的高频电磁脉冲波，电磁波在地下传播的过程中遇到不同介电常数的界面时，一部分能量产生反射波，一部分能量继续向地下传播，地质雷达接收并记录这些反射信息。介电常数不同，影响电磁波传播速度。

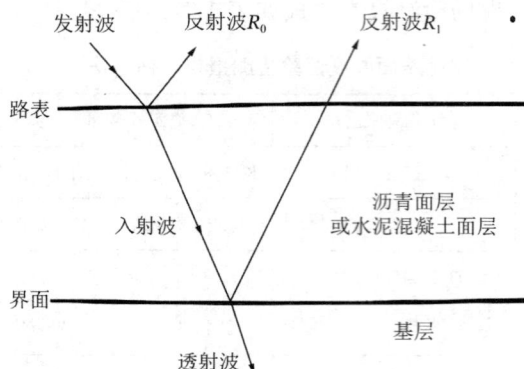

图 1.3-1 电磁波在路面面层中的反射以及工作示意图

1.3.2.3 检测依据

目前沥青压实度检测的依据主要有：

（1）行业标准《公路路基路面现场测试规程》JTG 3450—2019。

（2）行业标准《城镇道路工程施工与质量验收规范》CJJ 1—2008。

（3）行业标准《公路工程质量检验评定标准 第一册 土建工程》JTG F80/1—2017。

1.3.2.4 检测仪器及技术要求

短脉冲雷达测试系统由承载车、发射天线、接收天线和控制单元等组成，其主要技术要求如下：

（1）距离标定误差不大于 0.1%。

（2）最小分辨层厚不大于 40mm。

（3）系统测量精度要求如表 1.3-6 所示。

系统测量精度要求 表 1.3-6

测量深度 H	测量误差允许范围
$H < 100$mm	±3mm
$H \geqslant 100$mm	±（$3\%H$）mm

（4）天线：采用空气耦合方式，带宽能适应所选择的发射脉冲频率。

1.3.2.5 检测步骤

1）准备工作

（1）测试前应收集设计图纸、施工配合比等资料，以合理确定标定路段。

（2）按要求进行距离标定。

（3）将天线安装牢固，用连接线连接主机，并按要求开机预热。

（4）将金属板放置在天线正下方，启动控制软件，完成测试系统标定。

（5）根据不同的测试目的设置控制软件的采样间隔、时间窗、增益等参数。

2）测试步骤

（1）开启安全警示灯，将天线正下方对准起点，启动软件测试程序，缓慢使承载车加速到正常测试速度。

（2）测试过程中，操作人员应标记测试路段内的桥梁、隧道等构造物的起、终点。

（3）测试过程中，承载车每隔一定距离应完全停下，在采集软件上做标记，雷达图像应界面清晰、容易辨识且没有突变，同时在地面上找出雷达天线中心所对应的位置，做好标记；按照本书 1.3.1 节的方法在标记处钻取芯样并量测芯样高度；将现场钻取的芯样高度与雷达采集软件的结果进行对比，得出芯样的波速；将该标定路段的芯样波速平均值输入测试程序；每个波速标定路段钻芯取样位置应均匀分布，取样间距不宜超过 5km，芯样数量应足以保证波速标定结果的代表性和准确性。

（4）当承载车到达测试终点后，停止采集程序。

（5）操作人员检查数据文件，文件应完整，内容应正常，否则应重新测试。

（6）关闭测试系统电源，结束测试。

（7）填写现场原始记录，如表 1.3-7 所示。

路面厚度短脉冲雷达法检测现场记录表　　　　　　　　　　　表 1.3-7

记录编号							
工程名称							
工程部位/用途							
样品信息							
试验检测日期			试验条件				
检测依据			判定依据				
仪器名称编号							
检测里程							
委托编号			检测编号				
公路等级		结构类型		代表值容许偏差/mm		设计厚度/mm	
测线布设							
		时窗		天线频率		采样频率	
序号	文件名	测线编号	起点桩号	终点桩号	方向	测线位置	备注

续表

序号	文件名	测线编号	起点桩号	终点桩号	方向	测线位置	备注

标定芯样信息							

序号	里程桩号	芯样厚度/mm 单点测试值		双程旅时	波速	备注
	备注					

1.3.2.6 结果计算

（1）由雷达波识别软件自动识别各层分界线，得到雷达波在各层中的双程走时Δt。根据该双程走时以及电磁波在路面材料中的传播速度，按下式计算面层厚度：

$$T = v\Delta t/2$$

式中：T——面层厚度（mm）；

v——电磁波在路面材料中的传播速度（mm/ns）；

Δt——雷达波在路面面层中的双程走时时间（ns）。

（2）按本书附录 B 检测路段数据统计方法，计算一个测试路段的厚度平均值、标准差，并计算厚度代表值。

1.3.2.7 检测报告

沥青混凝土厚度检测的正式报告应符合行业标准《公路路基路面现场测试规程》JTG 3450—2019、行业标准《公路工程质量检验评定标准 第一册 土建工程》JTG F80/1—2017、行业标准《城镇道路工程施工与质量验收规范》CJJ 1—2008 的相关要求，检测报告的主要内容包括：

（1）测试路段信息（起止桩号、路面结构层材料类型等）。

（2）电磁波在路面材料中的传播速度、面层厚度。

（3）测试路段的厚度平均值、标准差、代表值。

1.4 平整度

路面平整度是评定路面质量的主要技术指标之一，它关系到行车的安全、舒适、路面所受冲击力的大小以及其使用寿命，不平整的路表面会增大行车阻力，并使车辆产生附加的振动作用。这种振动作用会造成行车颠簸，影响行车的速度和安全，影响驾驶的平稳度和乘客的舒适度。同时，振动作用还会对路面施加冲击力，从而加剧路面和汽车机件的损坏和轮胎的磨损，并增大油料的消耗。此外，位于水网地区、不平整的路面还会积滞雨水，加速路面的水损坏。因此，为了减小振动冲击力，提高行车速度和行车舒适性、安全性，路面应保持一定的平整度。

平整度的测试设备分为断面类及反应类两大类。断面类设备用以测定路面表面凹凸情况，如常利用 3m 直尺测量其最大间隙值，以及利用连续式平整仪精确测定相邻路面的相对高程，得到其平整情况。反应类设备可测定路面凹凸引起车辆振动的颠簸情况。反应类指标是司机和乘客直接感受到的平整度指标，因此它实际上是舒适性能指标，国际上通常用国际平整度指数 IRI 衡量路面行驶舒适性或路面行驶质量，可通过标定试验得出 IRI 与标准差σ之间的关系。

路面平整度检测是路面评价及路面施工验收中的一个重要指标，主要反映路面纵断面剖面曲线的平整性。当路面纵断面剖面曲线相对平滑时，则路面相对平整（平整度相对较好），反之则表示平整度相对较差。

沥青路面平整度的测试方法主要分为：

（1）三米直尺法。

（2）连续式平整度仪法。

（3）车载式激光平整度仪法。

（4）车载式颠簸累积仪法。

（5）手推式断面仪法。

三米直尺法、连续式平整度仪法以及车载式激光平整度仪法是道路工程日常检测中最常见的平整度检测方法，本节介绍这三种方法。

关于沥青路面平整度的检测频率，行业标准《城镇道路工程施工与质量验收规范》CJJ 1—2008 的要求如表 1.4-1 所示，行业标准《公路工程质量检验评定标准 第一册 土建工程》JTG F80/1—2017 的要求如表 1.4-2 所示。

《城镇道路工程施工与质量验收规范》的检测频率要求　　表 1.4-1

序号	检测项目	规定值或允许偏差		检测方法	范围	路宽/m	点数
1	标准差σ	快速路、主干道	≤1.5	连续式平整度仪	100m	<9	1
						9~15	2
		次干道、支路	≤2.4			>15	3
2	最大间隙值δ_m	次干道、支路	≤5	三米直尺	20m	<9	1
						9~15	2
						>15	3
备注		连续平整仪为全线每车道连续检测每 100m 计算标准差σ，表中检测频率点数为测线数					

《公路工程质量检验评定标准 第一册 土建工程》的检测频率要求　　表 1.4-2

序号	检查项目	规定值或允许偏差		检测方法	检测频率
		高速公路 一级公路	其他公路		
1	最大间隙值δ_m	—	5	三米直尺	每 200m 测 2 处×10 尺

序号	检查项目	规定值或允许偏差		检测方法	检测频率
		高速公路 一级公路	其他公路		
2	IRI/（m/km）	2.0	4.2	激光平整度仪	全线每车道连续检测按 每100m计算 IRI
3	σ/mm	1.2	2.5	连续平整度仪	

1.4.1 三米直尺法

1.4.1.1 检测范围

本方法用三米直尺测试路表与三米直尺基准面的最大间隙δ_m，用以表征路表平整度，适用于碾压成型后的路基路面各层表面，包括已成型沥青混合料面层的平整度测试。

1.4.1.2 试验原理

三米直尺检测平整度的原理即观察直尺底部与路面之间的接触情况。当直尺沿着路面移动时，任何高程变化都可能导致直尺的某一部分与路面有不同的接触。将直尺的一端放置在路面上的一个基准点，作为起始点，沿着路面移动直尺，观察直尺底部与路面之间的接触情况。如果路面平整，直尺应该保持与路面的均匀接触。当直尺底部与路面接触发生变化时，路面与三米直尺之间的间隙将会出现明显变化，该间隙值的最大值即可表征路表的平整度。

1.4.1.3 检测依据

目前三米直尺法检测路面平整度的依据主要有：
（1）行业标准《公路路基路面现场测试规程》JTG 3450—2019。
（2）行业标准《城镇道路工程施工与质量验收规范》CJJ 1—2008。
（3）行业标准《公路工程质量检验评定标准 第一册 土建工程》JTG F80/1—2017。
（4）行业标准《公路沥青路面设计规范》JTG D50—2017。

1.4.1.4 检测仪器及技术要求

三米直尺法检测需要下列仪器与工具：
（1）三米直尺：直尺测量基准面长度为 3m，基准面应平直，用硬木或铝合金钢等材料制成，见图1.4-1。
（2）楔形塞尺：硬木或金属制的楔形塞尺，有手柄。塞尺的长度与高度之比不小于10，宽度不大于15mm，侧面有高度标记，分度值不大于0.5mm。

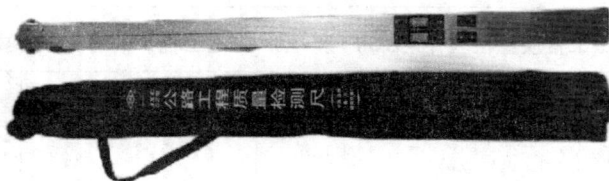

图 1.4-1 三米直尺示意图

（3）深度尺：金属制的深度测量尺，有手柄。深度尺测量杆端头直径不小于 10mm，分度值不大于 0.5mm。

（4）其他：皮尺或钢尺等。

1.4.1.5　检测步骤

1）准备工作

（1）确定测试方式。当测试沥青路面施工过程中的质量时，应以单尺方式测试，且测试位置应选在接缝处；对于其他情况，一般连续 10 尺测试或按规范要求频率取值。

（2）选择测试位置。除特殊需要者外，应以行车道一侧车轮轮迹（距车道线 0.8～1.0m）作为连续测试的位置。对既有道路已形成车辙的路面，应取车辙中间位置为测试位置。

（3）清扫路面测试位置处的碎石、杂物等。

2）测试步骤

（1）将三米直尺沿道路纵向摆在测试位置的路面上。

（2）目测三米直尺底面与路表面之间的间隙情况，确定最大间隙的位置。

（3）将具有高度标线的楔形塞尺塞进间隙，测试其最大间隙的高度；或者用深度尺在最大间隙位置测试直尺上顶面距地面的深度，该深度减去尺高即为测试点的最大间隙的高度，如图 1.4-2 所示。间隙以 mm 计，精确至 0.5mm。

图 1.4-2　三米直尺法检测平整度

现场检测作业时填写原始记录表，如表 1.4-3 所示。

平整度三米直尺法现场检测作业原始记录表　　　　　　表 1.4-3

记录编号					
工程名称					
工程部位					
样品信息					
试验检测日期			试验条件		
检测依据			判定依据		
设备名称编号		三米直尺/	楔形塞尺/		钢直尺/

检测里程											
委托编号						检测编号					
编号	测点位置	每尺读数/mm									
		第1尺	第2尺	第3尺	第4尺	第5尺	第6尺	第7尺	第8尺	第9尺	第10尺
备注											

1.4.1.6 结果计算

在实际检测项目中，依据的规范不同，最终结果的计算方法也有差别，具体如下：

（1）根据行业标准《城镇道路工程施工与质量验收规范》CJJ 1—2008：利用三米直尺连续量取两尺，以两尺测量结果之间最大间隙δ_m为测试结果，对于沥青混合料面层，以每条路或路段作为检验批进行综合评定。

（2）根据行业标准《公路路基路面现场测试规程》JTG 3450—2019 以及行业标准《公路工程质量检验评定标准 第一册 土建工程》JTG F80/1—2017，单尺测试路面的平整度结果为三米直尺与路面的最大间隙δ_m；连续测试 10 尺时，判断每尺最大间隙δ_m是否合格，并计算合格率以及 10 个最大间隙的平均值。

1.4.1.7 检测实例

【案例】对某道路工程项目新建道路 B 桩号 K1 + 100～K1 + 200 段 AC-13C 沥青混合料上面层进行平整度检测，现场为双向 2 车道，道路等级为次干道，车道宽度为 3.50m，现场路面总宽度为 8.50m，检测标准参考《城镇道路工程施工与质量验收规范》CJJ 1—2008。本次试验采用三米直尺法对待检路段 B 进行检测，平整度的标准技术要求为最大间隙值$\delta_m \leqslant 5mm$。

（1）现场数据记录

现场三米直尺记录的数据如表 1.4-4 所示。

现场平整度间隙值记录　　　　　　　　表 1.4-4

编号	测点位置	每尺读数/mm	
		第 1 尺	第 2 尺
1	右幅 K1 + 020	3.0	2.5
2	右幅 K1 + 040	3.0	3.0

续表

编号	测点位置	每尺读数/mm	
		第 1 尺	第 2 尺
3	右幅 K1 + 060	2.0	2.0
4	右幅 K1 + 080	2.0	2.5
5	右幅 K1 + 100	1.0	1.5
6	右幅 K1 + 120	2.0	2.5
7	右幅 K1 + 140	2.0	3.0
8	右幅 K1 + 160	3.5	3.5
9	右幅 K1 + 180	4.0	2.0
10	右幅 K1 + 200	2.0	1.5
11	左幅 K1 + 200	1.5	1.5
12	左幅 K1 + 180	1.0	2.0
13	左幅 K1 + 160	2.0	2.0
14	左幅 K1 + 140	3.0	3.0
15	左幅 K1 + 120	2.0	2.0
16	左幅 K1 + 100	1.5	2.0
17	左幅 K1 + 080	3.0	2.0
18	左幅 K1 + 060	2.5	2.5
19	左幅 K1 + 040	2.0	3.0
20	左幅 K1 + 020	1.5	1.0

（2）最大间隙值 δ_m

统计现场各处平整度间隙值检测数据，以两尺测量结果之间最大间隙 δ_m 为测试结果，如表 1.4-5 所示。

现场平整度间隙值数据处理 表 1.4-5

编号	测点位置	最大间隙/mm		
		第 1 尺	第 2 尺	最大值
1	右幅 K1 + 020	3.0	2.5	3.0
2	右幅 K1 + 040	3.0	3.0	3.0
3	右幅 K1 + 060	2.0	2.0	2.0
4	右幅 K1 + 080	2.0	2.5	2.5
5	右幅 K1 + 100	1.0	1.5	1.5
6	右幅 K1 + 120	2.0	2.5	2.5
7	右幅 K1 + 140	2.0	3.0	3.0

编号	测点位置	最大间隙/mm		
		第1尺	第2尺	最大值
8	右幅 K1 + 160	3.5	3.5	3.5
9	右幅 K1 + 180	4.0	2.0	4.0
10	右幅 K1 + 200	2.0	1.5	2.0
11	左幅 K1 + 200	1.5	1.5	1.5
12	左幅 K1 + 180	1.0	2.0	2.0
13	左幅 K1 + 160	2.0	2.0	2.0
14	左幅 K1 + 140	3.0	3.0	3.0
15	左幅 K1 + 120	2.0	2.0	2.0
16	左幅 K1 + 100	1.5	2.0	2.0
17	左幅 K1 + 080	3.0	2.0	3.0
18	左幅 K1 + 060	2.5	2.5	2.5
19	左幅 K1 + 040	2.0	3.0	3.0
20	左幅 K1 + 020	1.5	1.0	1.5

现场检测统计点有 20 个，所有部位平整度最大间隙值均不大于 5mm 部位，故本项目新建道路 B 桩号 K1 + 100～K1 + 200 段平整度值检测符合设计要求。

1.4.1.8 检测案例分析

平整度检测的正式报告应符合行业标准《公路路基路面现场测试规程》JTG 3450—2019、《公路工程质量检验评定标准 第一册 土建工程》JTG F80/1—2017、《城镇道路工程施工与质量验收规范》CJJ 1—2008 的相关要求，检测报告的主要内容包括：

（1）测试位置信息（桩号、测试方式等）。

（2）最大间隙（δ_m）。

（3）采用《公路工程质量检验评定标准 第一册 土建工程》JTG F80/1—2017 相关要求连续测试 10 尺时，还应包含平均值、不合格尺数及合格率。

参照上述工程实例，现场检测报告模板如表 1.4-6 所示：

路基路面平整度试验检测报告（三米直尺法）　　　　表 1.4-6

委托单位		工程名称	某道路工程项目
工程部位		新建道路 B	
样品信息		表面洁净、平整	
检测依据	JTG 3450—2019	判定依据	设计图纸、CJJ 1—2008
仪器设备编号	三米直尺/	楔形塞尺/	钢直尺/

续表

设计/标准值/mm	$\delta_m \leqslant 5mm$		试验日期	2024-01-03
检测里程	K1+100～K1+200			
委托编号			检测编号	

编号	测点位置	最大间隙值/mm		
		第 1 尺	第 2 尺	最大值
1	右幅 K1+020	3.0	2.5	3.0
2	右幅 K1+040	3.0	3.0	3.0
3	右幅 K1+060	2.0	2.0	2.0
4	右幅 K1+080	2.0	2.5	2.5
5	右幅 K1+100	1.0	1.5	1.5
6	右幅 K1+120	2.0	2.5	2.5
7	右幅 K1+140	2.0	3.0	3.0
8	右幅 K1+160	3.5	3.5	3.5
9	右幅 K1+180	4.0	2.0	4.0
10	右幅 K1+200	2.0	1.5	2.0
11	左幅 K1+200	1.5	1.5	1.5
12	左幅 K1+180	1.0	2.0	2.0
13	左幅 K1+160	2.0	2.0	2.0
14	左幅 K1+140	3.0	3.0	3.0
15	左幅 K1+120	2.0	2.0	2.0
16	左幅 K1+100	1.5	2.0	2.0
17	左幅 K1+080	3.0	2.0	3.0
18	左幅 K1+060	2.5	2.5	2.5
19	左幅 K1+040	2.0	3.0	3.0
20	左幅 K1+020	1.5	1.0	1.5
检测结果	本次共检测 20 个点，所检部位平整度符合设计要求			
备　　注				

1.4.1.9　注意事项

按照现行公路工程质量检验评价的相关标准，评价平整度的技术指标一般有最大间隙 δ_m、标准差 σ、国际平整度指数 IRI。本节介绍了最大间隙的测量方法——三米直尺法，该方法广泛地用于碾压成型后路基路面各层施工的平整度测试，尤其是施工过程的质量控制，简便易行。

1.4.2 连续式平整度仪法

1.4.2.1 检测范围

平整度的测试设备分为断面类及反应类两大类,连续式平整度仪与三米直尺同属断面类测试设备,均测定路面表面凹凸情况。此外,连续式平整度仪不仅具有测量精度高、速度快、数据可靠、评定科学等优点,且操作简单,大大降低了劳动强度,提高了工作效率,适用于高等级公路、城市道路、机场跑道等路面工程。

1.4.2.2 试验原理

公路连续式平整度八轮仪基于车辆底部传感器系统对路面高程的精密测量。该仪器八个轮子分布均匀,搭配设备中部的距离测定轮以及高精度传感器,能够实时监测设备与路面之间的距离。在运行过程中,八轮仪以恒定速度沿道路行驶,传感器实时采集车底与路面的距离数据。仪器内部的数据记录系统可实时处理数据,运用先进的算法和分析技术,计算出路面的高程变化。

通过连续的高频率数据采集,仪器能够全面覆盖并捕捉路面的微小高程变化,从而提供准确的平整度评估。这一原理确保了对道路平整度高效而精确的定量测量。

因此连续式平整度仪法适用于测试路面纵向相对高程的标准差σ,用以表征路面的平整度,但不适合在已有较多坑槽、破损严重的路面上测试。

1.4.2.3 检测依据

目前连续式平整度仪检测平整度的依据主要有:
(1)行业标准《公路路基路面现场测试规程》JTG 3450—2019。
(2)行业标准《城镇道路工程施工与质量验收规范》CJJ 1—2008。
(3)行业标准《公路工程质量检验评定标准 第一册 土建工程》JTG F80/1—2017。
(4)行业标准《公路沥青路面设计规范》JTG D50—2017。

1.4.2.4 检测仪器及技术要求

采用连续式平整度仪检测需要下列仪器与工具:
(1)连续式平整度仪整体结构:连续式平整度仪构造如图 1.4-3 所示,除特殊情况外,连续式平整度仪的标准长度为 3m,中间为一个 3m 长的机架,机架可缩短或折叠,前后各 4 个行走轮,前后两组轮的轴间距离为 3m。

图 1.4-3 连续式平整度仪示意图

（2）地面高差测量传感器：安装在机架中间，可以是能起落的测定轮，或激光测距仪。

（3）其他辅助机构：蓄电池电源，距离传感器，与数据采集、处理、存储、输出部分配套的采集控制箱及计算机打印机等。

（4）测试间距为 100mm，每一计算区间的长度为 100m 并输出一次结果。

（5）可记录测试长度（m）、曲线振幅大于某一定值（如 3mm、5mm、8mm、10mm 等）的次数、曲线振幅的单向（凸起或凹下）累计值及以 3m 机架为基准的中点路面偏差曲线图，计算打印。

（6）机架装有一牵引钩及手拉柄，可用人力或汽车牵引。

（7）牵引车：小面包车或其他小型牵引汽车。

（8）皮尺或测绳。

1.4.2.5　检测步骤

1）准备工作

（1）为控制施工过程中质量，根据需要决定测试地点；当进行路面工程质量检查验收或路况评定时，通常以行车道一侧车轮轮迹带作为连续测试的标准位置；对已形成车辙的路面，取一侧车辙中间为测点位置。

（2）清扫路面测试位置的碎石、杂物等。

（3）检查仪器测试箱，各部分应完好、灵敏，轮胎气压正常，并将各连接线接好，安装记录设备。

2）测试步骤

（1）将连续式平整度仪置于测试路段路面起点上，保证测定轮位置在轮迹带范围内，如图 1.4-4 所示。

图 1.4-4　连续式平整度仪现场示例

（2）在牵引汽车的后部，将连续式平整度仪与牵引汽车连接好，按照要求依次完成各项操作。

（3）启动牵引汽车，沿道路纵向行驶，横向位置保持稳定。

（4）确认连续式平整度仪工作正常。牵引连续式平整度仪应匀速且沿车道方向行驶，速度宜为 5km/h，最大不得超过 12km/h。测试路段较短时，亦可用人力拖拉连续式整度仪测试路面的平整度，但拖拉时应匀速前进。

（5）现场检测作业时填写原始记录表，如表 1.4-7 所示。

连续式平整度现场记录表 表 1.4-7

记录编号						
工程名称						
工程部位						
样品信息						
检测日期			试验条件			
检测依据			判定依据			
设备名称编号						
检测里程						
委托编号			检测编号			
公路等级		结构类型		规定值δ/mm		
序号	桩号及车道	δ/mm	序号	桩号及车道	δ/mm	打印记录
平均值		检测数		合格数		合格率
备注						

1.4.2.6 结果计算

（1）以 100m 长度为一个计算区间，按下式计算该区间内采集的位移值（d_i）的标准差 σ_i，即该区间的平整度，以 mm 计，保留 1 位小数。

$$\sigma_i = \sqrt{\frac{\sum d_i{}^2 - (\sum d_i)^2/N}{N-1}}$$

式中：σ_i——各计算区间的平整度计算值（mm）；

d_i——以 100m 为一个计算区间，每隔一定距离（自动采集间距为 10cm，人工采集间距为 1.5m）采集的路面凹凸偏差位移值（mm）；

N——计算区间用于计算标准差的测试数据个数。

（2）根据本书附录 B 计算一个测试路段平整度的平均值、标准差、变异系数。

1.4.2.7　检测案例分析

【案例】对某道路工程项目新建道路 A 桩号 K1＋000～K1＋500 段 AC-13C 沥青混合料上面层进行平整度检测。现场为双向 2 车道，检测长度为 500m。本次试验采用连续式平整度仪法对待检路段 A 进行检测。

（1）基本信息

现场连续式平整度仪检测路段 A 各个区间标准差σ如表 1.4-8 所示。

现场连续式平整度区间标准差值　　　　　　表 1.4-8

序号	桩号及车道	σ/mm
1	右幅第一车道 K1＋000～K1＋100	1.2
2	右幅第一车道 K1＋100～K1＋200	1.1
3	右幅第一车道 K1＋200～K1＋300	0.9
4	右幅第一车道 K1＋300～K1＋400	1.0
5	右幅第一车道 K1＋400～K1＋500	1.1
备注	该区间内采集舀位移值d_i已经仪器数据处理生成其标准差$σ_i$，直接输出并打印原始数据，无需另外计算	

（2）计算相关数据

统计现场各个区间平整度检测数据，得到表 1.4-9 所示结果。

连续式区间平整度值　　　　　　表 1.4-9

序号	桩号及车道	σ/mm		
1	右幅第一车道 K1＋000～K1＋100	1.2		
2	右幅第一车道 K1＋100～K1＋200	1.1		
3	右幅第一车道 K1＋200～K1＋300	0.9		
4	右幅第一车道 K1＋300～K1＋400	1.0		
5	右幅第一车道 K1＋400～K1＋500	1.1		
区间数	5	合格率	100%	平均值	1.1
合格区间数	5	标准差/mm	0.12	变异系数	0.14

综上可得，新建道路 A 桩号 K1＋000～K1＋500 段检测统计区间数为 5 个，合格区间数为 5 个，合格率为 100%，标准差σ平均值为 1.1mm。由于该段道路设计值为准差σ≤1.2mm，故本项目新建道跨 A 桩号 K1＋000～K1＋500 段平整度值符合设计要求。

1.4.2.8　检测报告

平整度检测的检测报告应符合行业标准《公路路基路面现场测试规程》JTG 3450—2019、《公路工程质量检验评定标准　第一册　土建工程》JTG F80/1—2017、《城镇道路工程施工与质量验收规范》CJJ 1—2008 的相关要求，正式检测报告的主要内容包括：

（1）测试路段信息（桩号、长度等）。

（2）计算区间长度、测试间距及平整度。

（3）测试路段平整度的平均值、标准差及变异系数。

参照上述工程实例，现场检测报告模板如表 1.4-10 所示。

路面平整度（连续平整度仪）试验检测报告　　　　　　表 1.4-10

施工/委托单位			工程名称	某道路工程项目
工程部位/用途		K1＋000～K1＋500 沥青上面层		
道路等级	主干道		样品信息	表面干燥、洁净、平整
检测依据	JTG 3450—2019		判定依据	CJJ 1—2008、设计图纸
设备及编号				
设计/标准值	1.2mm		试验日期	2024-01-03
检测里程		K1＋000～K1＋500		
委托编号			检测编号	
起止桩号及车道	平整度标准差/mm		起止桩号及车道	平整度标准差/mm
右幅第一车道 K1＋000	1.2			
右幅第一车道 K1＋200	1.1			
右幅第一车道 K1＋300	0.9			
右幅第一车道 K1＋400	1.0			
右幅第一车道 K1＋500	1.1			

试验结果	区间数	5	合格率	100%	平均值	1.1
	合格区间数	5	标准差/mm	0.12	变异系数	0.14
	结论	该路段沥青路面所测平整度值满足设计图纸要求				
备注	无					

1.4.2.9　注意事项

在国外，连续式平整度仪的种类很多，长度和结构各不相同，长度 3m 的有 4 轮、8 轮、16 轮等多种结构，其中，使用最多的是三米八轮平整度仪。《公路路基路面现场测试规程》JTG 3450—2019 规定的标准仪器仅三米八轮平整度仪。

平整度计算值以标准差表示，所以与计算区间的长度有很大关系，如图 1.4-5 所示，计算区间越长，标准差越小。根据国内习惯，参考国外经验（如日本铺装试验法便览 7-2 规定计算区间为 100～300m），本方法规定计算区间为 100m。

本方法规定的三米平整度仪的测试结果与三米直尺连续测试的平整度原理相同，计算方法相同，两种不同的方法有较好的相关性关系。

现在我国的平整度仪大多有自动计算功能，可自动打印输出测试路段标准差及振幅大于某一定值（如 3、5、8、10mm）的超差次数。有些进口的平整度仪并无自动计算功能，这是因为国外的测试方法规定要将某些异常数据（如由于坑洞、接缝、构造物接头、雨水井等人工构造物引起的跳动），从记录的曲线中剔除，不参加计算，而自动平整度仪则缺乏自动识别功能。为此本节对两种方法，即人工计算及自动计算均作了规定。

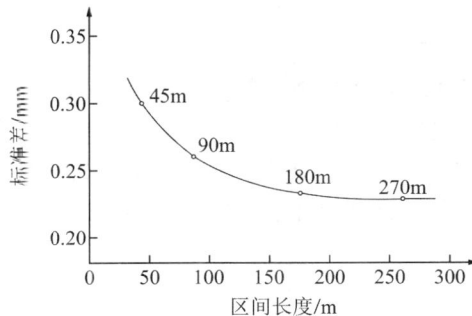

图 1.4-5　平整度计算值（标准差）与计算区间的长度的关系示例

1.4.3　车载式激光平整度仪法

1.4.3.1　检测范围

平整度的测试设备分为断面类及反应类两大类，反应类测试设备采集司机和乘客直接感受到的平整度指标，实际上是舒适性能指标。

车载式激光平整度仪（简称激光平整度仪）相较于传统断面类 JAC 设备采集的数据则更趋于实际路面行驶观感，同时利用激光点束进行测量，能实现对高程变化微小的路面特征的高精度捕捉。同时，利用非接触性的激光点束进行高精度测量，能有效规避与路面直接接触带来的磨损以及测量偏差的问题，最大程度减少了检测工作中的测量误差。除此以外，出色的连续测量能力可使其在相对较短时间内完成对广泛路段的高频率、高速率的数据采集，因此对于不同路面类型（如高速公路、城市街道等）具有广泛的适用性，能够在各种道路条件下可靠运行。

1.4.3.2　试验原理

激光路面平整度测定仪是一台装备了激光传感器、加速度计和陀螺仪的测定车，同时具有先进的数据采集和处理系统。工作时测试车以一定的速度在路面上行驶，固定在汽车底盘上的一排激光传感器通过测试激光束反射回读数器的角度来测试路面平整度，仪器集成激光器，瞄准路面发射激光束，激光束与路面相互作用，反射信号返回激光式平整度仪，而底盘上配置光学接收器，用于接收反射回来的激光信号。通过激光从发射到接收所用的时间，计算激光在大气中的传播距离，利用激光在大气中传播的距离以及已知的仪器安装高度，计算出车辆底部到路面的确切高程。

在车辆行驶过程中，激光式平整度仪持续执行上述步骤，实现对路面高程变化的无缝连续测量，采集到的高程数据由仪器内部的数据记录系统实时处理和分析，最终生成路面平整度的详尽评估结果。同时，利用车辆设备右后方的距离测定装置以及 GPS 定位系统，输出距离信号同测试车上装的加速度计信号进行互差，消除测试车自身的颠簸，输出路面真实断面信号。信号处理系统将来自激光传感器的模拟信号转换成数字信号并记录下来。

随着汽车的行进，每隔一定间距采集一次数据。通过数据分析系统，显示国际平整度指数等平整度检测结果。

1.4.3.3　检测依据

目前激光式平整度仪检测路面平整度的依据主要有：

（1）行业标准《公路路基路面现场测试规程》JTG 3450—2019。

（2）行业标准《公路工程质量检验评定标准 第一册 土建工程》JTG F80/1—2017。

（3）行业标准《城镇道路工程施工与质量验收规范》CJJ 1—2008。

（4）行业标准《公路沥青路面设计规范》JTG D50—2017。

1.4.3.4　检测仪器及技术要求

车载式激光平整度仪由承载车、距离传感器、纵断面高程传感器和主控制系统组成，如图 1.4-6 所示，基本技术参数的要求如下：

（1）测试速度：30～100km/h。

（2）采样间隔：≤500mm。

（3）传感器测试精度：1.0mm。

（4）距离标定误差：≤0.05%。

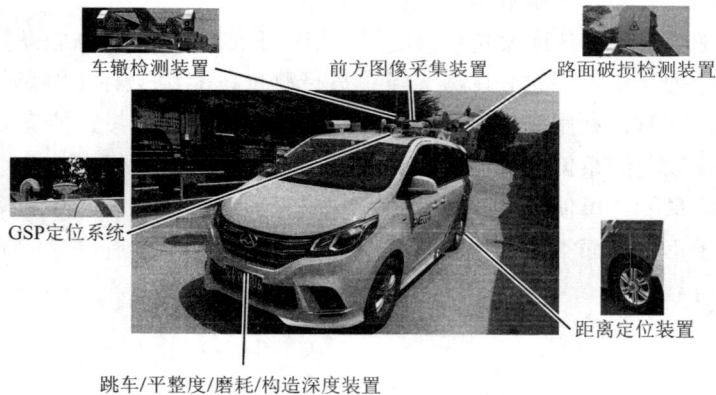

图 1.4-6　激光平整度仪设备示意图

1.4.3.5　检测步骤

1）准备工作

（1）检查激光平整度仪的各传感器。

（2）检查承载车轮胎气压，应达到车辆轮胎规定的标准气压，车胎应清洁，不得粘附杂物。

（3）现场安装距离测量装置，应确保机械紧固装置安装牢固，螺栓无松动。

（4）检查激光平整度仪，各部件均应符合测试要求，不应有破损。

（5）打开系统电源，启动控制程序，检查各部分的工作状态。

2）测试步骤

（1）测试开始之前应让承载车以测试速度（5～10km）行驶，按照规定的预热时间预热。

（2）承载车停在测试起点前 50～100m 处，启动平整度测试系统程序，按照测试路段的现场技术要求设置所需的测试状态。

（3）驾驶员应按照要求的测试速度范围驾驶承载车，宜在 50～80km/h 之间，避免急加速和急减速，急弯路段应放慢车速，沿正常行车轨迹驶入测试路段。

（4）进入测试路段后，启动系统的采集和记录程序，在测试过程中必须及时准确地将测试路段的起终点和其他需要特殊标记的位置输入测试数据记录中。

（5）当承载车辆驶出测试路段后，停止数据采集和记录，并将仪器恢复至初始状态。

（6）检查测试数据，文件应完整，内容应正常，否则需要重新测试。

（7）关闭系统电源，结束测试。

（8）现场检测作业结束填写原始记录表，如表 1.4-11 所示。

路面平整度（激光平整度仪）原始记录表　　　　　表 1.4-11

记录编号					
工程名称					
工程部位					
样品信息					
检测日期		试验条件			
检测依据		判定依据			
仪器及编号					
检测里程					
委托编号		检测编号			
公路等级		结构类型		IRI 规定值/（m/km）	
序号	文件名	起止点桩号		长度	备注
备注					

1.4.3.6 数据处理

激光平整度仪采集的数据是路面相对高程值，应以 100m 为计算区间长度，通过程序计算国际平整度指数（IRI）值，以 m/km 计，保留 2 位小数。

1.4.3.7　检测案例分析

【案例】对某道路工程项目新建道路 A 桩号 K1＋000～K1＋500 段 AC-13C 沥青混合料上面层进行平整度检测，现场为双向 2 车道，检测长度为 500m。本次试验中采用激光式平整度仪法对待检路段 A 进行检测。

（1）现场激光平整度仪检测路段 A 各个区间平整度测试值如表 1.4-12 所示。

现场激光式平整度区间测试值　　　　　表 1.4-12

开始桩号	结束桩号	左 IRI/（m/km）	右 IRI/（m/km）	代表 IRI/（m/km）
K1＋000	K1＋100	1.60	1.79	1.16
K1＋100	K1＋200	1.34	1.32	1.39
K1＋200	K1＋300	1.01	1.56	1.42
K1＋300	K1＋315	1.46	1.82	1.27
K1＋400	K1＋500	1.39	1.16	1.44

（2）统计现场各个区间平整度检测数据，得到表 1.4-13。

现场激光式平整度路段测试值　　　　　表 1.4-13

开始桩号	结束桩号	左 IRI/（m/km）	右 IRI/（m/km）	代表 IRI/（m/km）
K1＋000	K1＋500	1.62	1.65	1.34

现场检测统计区间数为 5 个，合格区间数为 5 个，合格率为 100%，路段代表值为 1.34m/km，由于该段道路设计值为 IRI≤2.00m/km，故本项目新建道路 A 桩号 K1＋000～K1＋500 段平整度值检测符合设计要求。

1.4.3.8　检测报告

激光式平整度检测的检测报告应符合行业标准《公路路基路面现场测试规程》JTG 3450—2019 和《公路工程质量检验评定标准 第一册 土建工程》JTG F80/1—201 相关要求，检测报告的主要内容包括：
（1）测试路段信息（桩号、长度等）。
（2）国际平整度指数（IRI）值及其换算值。
（3）若进行相关性试验，还应包括相关性关系式及相关系数。

1.4.3.9　注意事项

1）激光平整度仪测值与国际平整度指数 IRI 相关性关系试验
（1）试验条件
①选择不少于 4 段不同平整度水平的路段，每段路 IRI 值测点的间距应大于 1.0m，且有足够加速或减速长度的路段，根据实际测试道路 IRI 的分布情况，可以适当增加某些范围内的标定路段。

②每路段长度不小于 300m。

③每一段内的平整度应均匀，包括路段前 50m 的引道。

④选择坡度变化较小的直线路段，路段交通量小，便于疏导。

⑤一台承载车安装的多套平整度测试设备，需要分别试验。

⑥宜在车道的正常行驶轮迹上进行，明确标记试验路段起、终点位置。

（2）试验步骤

①距离标定

a. 选择坡度变化较小的平坦直线路段，长度不小于 500m，标记起、终点。

b. 标定开始之前应让承载车以测试速度行驶 5～10km，按照规定的预热时间预热测试系统。

c. 将承载车的前轮对准起点线，启动测试系统，然后令承载车沿着路段轨迹直线行驶，避免突然加速或减速，接近终点时，减速停车，确保承载车前轮对准终点线，输出距离测值。重复此过程，确保距离传感器测试结果和路段标称长度的差值在允许误差范围之内。

②按照本书 1.4.3.5 节的规定，对试验路段重复进行 5 次平整度测试，取其 IRI 计算值的平均值作为该路段的测试值。

③IRI 值的确定

a. 用精密水准仪测量标定路段上测线的纵断面高程，要求采样间隔为 250mm，高程测量精度为 0.5mm。然后用 IRI 标准计算程序对纵断面测量值进行模型计算，得到标定线路的 IRI 值。

b. 其他符合世界银行一类平整度测试标准的纵断面测试仪也可以确定标定路段 IRI 值。

（3）试验数据处理

按照行业标准《公路路基路面现场测试规程》JTG 3450—2019 附录中的规定将各试验路段的 IRI 值和相应的平整度仪测值进行回归分析，建立相关性关系式，相关系数 R 不得小于 0.99。

2）高效自动化平整度测试系统种类繁多，结构、原理、操作以及所用的指标均存在较大差异，参照世界银行 46 号报告对平整度测试方法的研究成果，按其对道路纵断面测试的直接程度以及精确度分为反应类平整度测试系统和纵断面平整度测试系统。

反应类测试系统以车辆在路面上通行时车轴与车身之间的垂直位移或车身的加速度作为其对路面不平整度的反应值，其测试结果与车辆的动态性能有关，因而具有时间不稳定、不易转换、难以进行比较等固有特征，需要通过与国际平整度指数 IRI 之间的相关性关系，换算成国际平整度指数 IRI，以表征路面的平整度。反应类测试系统有车载式颠簸累积仪、BPR 平整度测试仪、NAASRA 平整度测试仪等。纵断面平整度测试系统是通过测量路面纵向断面高程值，直接计算出国际平整度指数 IRI，以表征路面的平整度。纵断面平整度测试系统有激光断面测试仪、超声波断面测试仪、APL 纵断面分析仪、多轮式平整度测试仪等，这类测试系统要求采样间隔不超过 250mm，传感器测距允许误差为 1mm，达不到要求的，则应视为反应类测试系统。

3）国际平整度指数 IRI 是世界银行推荐使用的标准的平整度测试指标，并且在其 46

号报告里发表了 IRI 的标准计算程序，采用了 1/4 车模型。IRI 是一个断面类的数学统计指标，具有时间稳定性，易于重现，对路面 1.2～30.5m 范围内的波长有较好的频率响应特征，与大多数平整度测试结果有良好的相关性关系，与我国现行规范中使用的标准差σ也有良好的线性关系。

以 IRI 为标准的平整度测试指标，使不同平整度测试系统的结果可以相互比较。根据世界银行的分类标准，采样间隔不大于 250mm、断面测量精度为 0.5mm 的纵断面测试系统，为一类平整度测试系统，如精密水准仪、手推车断面仪、部分激光平整度仪等。5 段 IRI 在 0～5m/km 范围内不同水平的路面的试验表明，同时用水准仪、手推车断面仪、激光平整度仪进行测试，三种方法的 IRI 测试结果一致，并且对于每种激光平整度仪，不同速度的测试结果也具有很好的一致性，因此，三种仪器均符合世界银行一类平整度标准，经过系统校准，均可以作为建立反应类测试系统与 IRI 相关性关系的标定工具。

1.5　渗水系数

沥青路面渗水性能是反映路面沥青混合料级配组成的一个间接指标，也是沥青路面水稳定性的一个重要指标。当整个沥青面层处于完全透水状态，水通过沥青面层进入基层或路基，会导致路面承载力降低。相反，如果沥青面层中有一层不透水，而表层能很快透水，则又不致形成水膜，对路表的抗滑性能有很大好处。所以路面渗水系数是评价路面使用性能的一个重要指标。

根据行业标准《公路工程质量检验评定标准 第一册 土建工程》JTG F80/1—2017 的要求，渗水系数试验检测频率为按双车道路段，每 200m 测 1 处，对于多车道公路，应按车道数与双车道之比相应增加检查数量。

1.5.1　试验范围

本方法适用于在现场测试沥青路面的渗水系数。

1.5.2　试验原理

利用水头差产生的推力作用，在规定的初始水头压力下，单位时间内渗入路面规定面积的水的体积。

1.5.3　检测依据

路面渗水系数检测应符合国家、行业、地方等标准以及建设单位、政府文件的相关规定要求。目前路面渗水系数试验的检测依据主要有：

（1）行业标准《公路路基路面现场测试规程》JTG 3450—2019。

（2）行业标准《公路工程质量检验评定标准 第一册 土建工程》JTG F80/1—2017。

1.5.4　检测仪器及技术要求

本方法需要下列仪器与材料：

（1）路面渗水仪：形状及尺寸如图 1.5-1 所示。上部盛水量筒由透明有机玻璃制成，容积 600mL，上有刻度，在 100mL 及 500mL 处有粗标线，下方通过 ϕ10mm 的细管与底座相接，中间有一开关。量筒通过支架连接，底座下方开口内径 ϕ150mm，外径 ϕ220mm，仪器附不锈钢圈压重两个，每个质量约 5kg，内径 ϕ160mm。

（2）套环：金属圆环，宽度 5mm，内径 145mm，主要防止密封材料被挤压进入测试面而导致渗水面积不一致。

（3）水筒及大漏斗。

（4）秒表。

（5）密封材料：防水腻子、油灰或橡皮泥。

（6）其他：水、粉笔、塑料圈、刮刀、扫帚等。

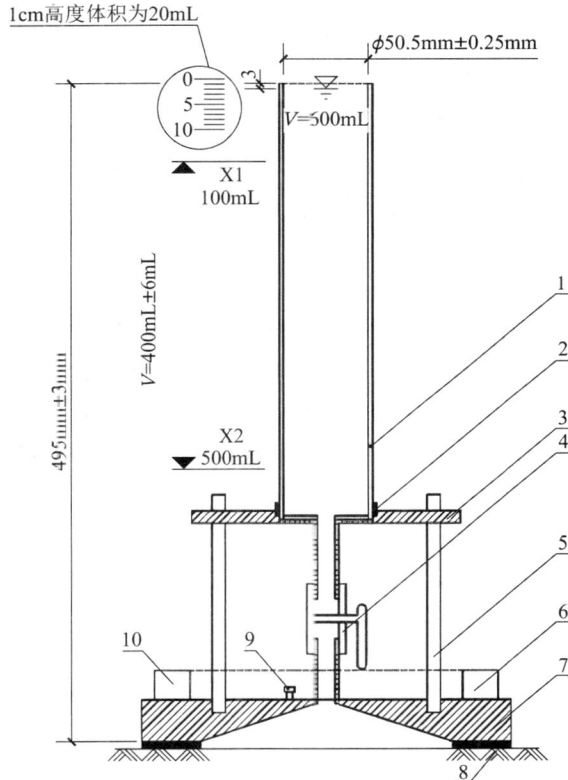

图 1.5-1　渗水仪结构图

1—盛水量筒；2—螺纹连接；3—顶板；4—阀；5—立柱支架；6—压重钢圈；7—底座；
8—密封材料；9—排气孔；10—套环

1.5.5　检测步骤

1）准备工作

（1）每个测试位置，按照《公路路基路面现场测试规程》JTG 3450—2019 附录中规定的公路路基路面测试随机选点的方法，按照梳理统计的原理确定点位位置，随机选择 3 个测点，并用粉笔标记。

（2）试验前，首先用扫帚清扫表面，并用刷子将路面杂物刷去。

（3）新建沥青路面的渗水试验宜在沥青路面碾压成型后 12 小时内完成。

2）测试步骤

（1）将塑料圈置于路面表面的测点上，用粉笔分别沿塑料圈的内侧和外侧画上圈，内环和外环之间的部分就是需要用密封材料密封的区域。

（2）用密封材料对环状密封区域进行密封处理，注意不要使密封材料进入内圈，如果密封材料不小心进入内圈，必须用刮刀将其刮走。再将密封材料搓成拇指粗细的条状，将其摞在环状密封区域的中央，并且摞成一圈。

（3）将套环放在路面表面的测点上，注意使套环的中心尽量和圆环中心重合，然后略微使劲将套环压在条状密封材料表面；采用同样的方法将渗水仪放在套环上，对中，施加压力将渗水仪压在套环上，再加上配重，以防压力水从底座与路面间流出。

（4）关闭开关及排气孔，向量筒中注水至超过 100mL 刻度，然后打开开关和排气孔，使量筒中的水流出，排出渗水仪底部内的空气，当量筒中水面下降速度变慢时，用双手轻压渗水仪使渗水仪底部的气泡全部排出。当水自排气孔顺畅排出时，关闭开关和排气孔，并再次向量筒中注水至 100mL 刻度。

（5）将开关打开，待水面下降至 100mL 刻度时，立即用秒表开始计时，3min 后立即记录水量，结束试验；当计时不到 3min 水面已下降至 500mL 时，记录水面下降至 500mL 的时间，结束试验。

（6）测试过程中，如水从底座与密封材料间渗出，则底座与路面间密封不好，此试验结果为无效。关闭开关，采用密封材料补充密封，重新按步骤（4）、（5）测试。如果仍然有水渗出，应在同一纵向位置沿宽度方向就近选择位置，重新按照步骤（1）～（5）测试。

（7）测试过程中，如水从外环圈以外路面渗出，可以人工将密封材料在外环圈之外 5cm 宽度范围内再次进行密封处理，重新按步骤（4）、（5）测试，只要密封范围内无水渗出，则认为试验结果有效。

（8）重复步骤（1）～（7），测试 3 个测点的渗水系数。

（9）现场检测作业时填写原始记录表，如表 1.5-1 所示。

渗水系数检测现场记录表　　　　　　　　　　　　表 1.5-1

记录编号				
工程名称				
工程部位/用途				
样品信息				
试验检测日期		试验条件		
检测依据		判定依据		
仪器设备名称及编号	路面渗水仪/		秒表/	
检测里程				
委托编号		检测编号		
测点位置	测点位置	测点位置	测点位置	测点位置

时间/s	量筒读数/mL	时间/s	量筒读数/mL	时间/s	量筒读数/mL	时间/s	量筒读数/mL	时间/s	量筒读数/mL
备注									

1.5.6　结果计算

（1）按下式计算渗水系数，精确至 0.1mL/min。

$$C_W = \frac{V_2 - V_1}{t_2 - t_1} \times 60$$

式中：C_W——渗水系数（mL/min）；

V_1——第一次计时时的水量（mL）；

V_2——第二次计时时的水量（mL）；

t_1——第一次计时时的时间（s）；

t_2——第二次计时时的时间（s）。

（2）以 3 个测点渗水系数的平均值作为该测试位置的结果，精确至 1mL/min。

（3）根据行业标准《公路工程质量检验评定标准　第一册　土建工程》JTG F80/1—2017，渗水系数判定如表 1.5-2 所示。

《公路工程质量检验评定标准　第一册　土建工程》渗水系数判定　　表 1.5-2

序号	路面结构	规定值或允许偏差/（mL/min）		备注
		高速公路/一级公路	其他公路	
1	SMA 路面	≤120		
2	其他沥青混凝土路面	≤200		

1.5.7　检测案例分析

【案例】某新建二级公路道路工程 A 桩号 K0＋420～K0＋760 段在 AC-13C 沥青混合料上面层碾压成型后 12 小时内进行渗水系数检测，现场为双向 2 车道，根据规范检测频率，本次检测 2 处。检测数据如表 1.5-3 所示。

渗水系数范例检测数据　　表 1.5-3

序号	路段里程	测点位置	渗水系数/（mL/min）	平均值/（mL/min）
1	K0＋420～K0＋620	K0＋435	56	(56－66＋58)/3 ＝ 60
2		K0＋486	66	

序号	路段里程	测点位置	渗水系数/（mL/min）	平均值/（mL/min）
3	K0＋420～K0＋620	K0＋551	58	(56＋66＋58)/3＝60
4		K0＋630	77	
5	K0＋620～K0＋760	K0＋675	63	(77＋63＋84)/3＝75
6		K0＋723	84	

由于该项目采用的是 AC-13C 沥青混凝土路面，其道路等级为二级公路，参照设计要求，渗水系数设计值C_W应不大于 200mL/min，而所检两处测得渗水系数均小于规定值，故该路段 K0＋420～K0＋760 的渗水系数检测满足规范要求。

1.5.8　检测报告

检测报告应包括：

（1）测试位置信息（桩号、路面类型等）。

（2）测试位置的渗水系数（3 个测点的平均值）。

上述工程实例现场检测报告模板如表 1.5-4 所示。

渗水系数试验检测报告　　　　　　表 1.5-4

报告编号					
委托单位			工程名称	某道路工程项目	
工程部位	新建道路 A				
样品信息	表面洁净、平整				
检测依据	JTG 3450—2019		判定依据	JTG F80/1—2017	
主要仪器设备名称及编号	路面渗水仪/　　　秒表/				
设计/标准值/（mL/min）	≤200		试验日期	2024-01-03	
检测里程	K0＋420～K0＋760				
委托编号			检测编号		
路段里程	测点位置	渗水系数/（mL/min）	平均值/（mL/min）	设计/标准值/（mL/min）	
K0＋420～K0＋620	K0＋435	56	60	≤200	
	K0＋486	66			
	K0＋551	58			
K0＋620～K0＋760	K0＋630	77	75	≤200	
	K0＋675	63			
	K0＋723	84			
检测结果	本次共检测 2 处，该路段渗水系数符合设计要求				
备注					

1.5.9 注意事项

渗水试验中，最大的难点是侧渗问题，特别是对于粗型级配沥青混凝土，侧渗较为严重。工程实际中规定，当有侧渗时增大外圈的密封宽度。实际上，渗水试验时，渗水系数包含了竖向下渗和横向下渗，增大外圈密封宽度以增大竖向下渗面积，从而减小横向下渗量对渗水系数的影响。

1.6 抗滑性能

路面抗滑性能指车辆行驶时道路表面对车辆滑动的阻碍程度，是保证行车安全的重要指标，以路表摩阻系数或粗糙度表示。具体而言，它描述了道路表面在湿润、雨雪天气或其他可能导致路面湿滑的条件下，车辆轮胎与路面之间的附着能力和抗滑能力。

沥青路面的抗滑性能主要受路面构造深度和摩擦系数的影响。路面构造深度是指在一定区域的路面上形成不均匀或起伏的开口孔隙的平均深度。开口孔隙有利于排出路面表层水，降低路面水膜厚度，提高防滑性能。路面的摩擦系数是指车轮表面和路面间的摩擦力与作用在其表面上的垂直力之比值，它与路表的粗糙度有关，与接触面积的大小无关，根据物体接触相对运动的性质可分为动摩擦系数和静摩擦系数。摩擦系数主要取决于路面集料的磨光值，要得到较好的抗滑性能就需要集料有较大的磨光值。不同的沥青路面纹理构造对路面抗滑性能影响不同。

因此在实际工程项目检测中，路面抗滑能力检测是路面评价及路面施工验收中的一个重要指标，针对沥青混合料面层的抗滑能力的测试方法主要分为以下几种：

（1）手工铺砂法测试路面构造深度。
（2）车载式激光构造深度仪测试路面构造深度。
（3）摆式仪测试路面摩擦系数。
（4）单轮式横向力系数测试系统测试路面摩擦系数。
（5）双轮式横向力系数测试系统测试路面摩擦系数。

在道路工程日常检测中最常见的抗滑能力检测方法为手工铺砂法测试路面构造深度、车载式激光构造深度仪测试路面构造深度、摆式仪测试路面摩擦系数以及双轮式横向力系数测试系统测试路面摩擦系数，本节详细介绍这几种方法。

沥青路面抗滑能力的检测频率，行业标准《城镇道路工程施工与质量验收规范》CJJ 1—2008 中的要求如表 1.6-1 所示，行业标准《公路工程质量检验评定标准 第一册 土建工程》JTG F80/1—2017 中的要求如表 1.6-2 所示。

《城镇道路工程施工与质量验收规范》检测频率要求　　表 1.6-1

序号	检测项目	规定值或允许偏差	检测方法	检测范围	检测频率/点数
1	摩擦系数	符合设计要求	摆式仪	200m	1
			横向力系数车		全线连续检测
2	构造深度	符合设计要求	铺砂法	200m	1
			激光构造深度仪		

《公路工程质量检验评定标准 第一册 土建工程》检测频率要求　　　表 1.6-2

序号	检查项目	规定值或允许偏差		检测方法	检测频率
		高速公路 一级公路	其他公路		
1	摩擦系数	符合设计要求		摆式仪	每 200m 测 1 处
				横向力系数车	全线连续检测
2	构造深度	符合设计要求		铺砂法	每 200m 测一处

1.6.1　手工铺砂法

1.6.1.1　检测范围

本方法适用于测试沥青路面及无刻槽水泥混凝土路面构造深度，用以评定路面抗滑性能。

1.6.1.2　试验原理

路面表面的构造深度（TD）也称路面纹理深度，是表征路面粗糙度的一种形式，它和路面摩擦系数都是评价路表抗滑性能的专业技术指标，但是构造深度和摩擦系数的表征作用不同，两者不能互相代替。手工铺砂法是目前工程上常用的方法。

手工铺砂法测定路面构造深度的原理是：将已知体积的细砂摊铺在所要测试的路表的测点上，量取摊平覆盖砂的圆形直径，计算嵌入凹凸不平的表面空隙中的砂的体积与所覆盖面积之比求得构造深度。

1.6.1.3　检测依据

目前手工铺砂法测试路面构造深度的依据主要有：

（1）行业标准《公路路基路面现场测试规程》JTG 3450—2019。

（2）行业标准《城镇道路工程施工与质量验收规范》CJJ 1—2008。

（3）行业标准《公路工程质量检验评定标准 第一册 土建工程》JTG F80/1—2017。

（4）行业标准《公路沥青路面施工技术规范》JTG F40—2004。

（5）行业标准《公路沥青路面设计规范》JTG D50—2017。

1.6.1.4　检测仪器及技术要求

手工砂铺法检测需要下列工具与材料：

（1）量砂筒：形状、尺寸如图 1.6-1 所示，一端是封闭的，容积为（25±0.15）mL，可通过量砂筒中水的质量确定其容积 V，可调整其高度，使其容积符合规定要求。附专用的刮尺，可将筒口量砂刮平。

（2）推平板：形状、尺寸如图 1.6-2 所示，推平板应为木制或铝制，直径 50mm，底面粘一层厚 1.5mm 的橡胶片，上面有一圆柱把手。

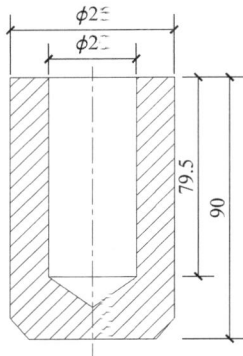
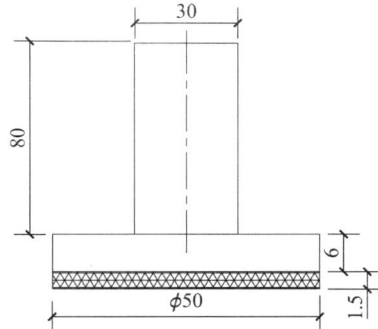

图 1.6-1　量砂筒　　　　　　图 1.6-2　推平板

（3）量砂：足够数量的干燥洁净的匀质砂，粒径 0.15～0.30mm。

（4）量尺：钢板尺或专用构造深度尺。

（5）其他：装砂容器（小铲）、扫帚或毛刷、挡风板等。

1.6.1.5　检测步骤

1）准备工作

（1）量砂准备：取洁净的细砂，晾干过筛，取粒径 0.15～0.30mm 的砂置于适当的容器中备用。试验时，量砂只能一次性使用，不得重复使用。

（2）参照本书附录 A 检测路段现场抽样选点方法选取路段测点横断面位置，同时测点应选在车道的轮迹带位置，且距路面边缘不得小于 1m。

2）测试步骤

（1）用扫帚或毛刷将测点附近的路面清扫干净，面积不小于 30cm²。

（2）用小铲向圆筒中缓缓注入准备好的量砂至高出量筒呈尖顶状，手提圆筒上部，用钢尺轻轻叩打圆筒中部 3 次，并用刮尺边沿筒口一次刮平。需要注意的是，不可直接用量砂筒装量砂，以免影响量砂密度的均匀性。

（3）将量砂倒在路面上，用推平板由里向外重复摊铺，稍稍用力将砂向外均匀摊开，使砂填入路表面的空隙中，尽可能将砂摊成圆形，表面不得留有浮动余砂。注意摊铺时不可用力过大或向外推挤，如图 1.6-3 所示。

图 1.6-3　摊铺量砂

（4）用钢板尺测量圆的两个垂直方向的直径，取其平均值，精确至 1mm。也可用专用尺直接测量构造深度。

（5）按以上方法，同一处平行测试不少于 3 次，3 个测点均位于轮迹带上，测点间距 3～5m。同一处测试应该由同一个试验员进行测试，该处的测试位置以中间测点的位置表示。

（6）现场检测作业时填写原始记录表，如表 1.6-3 所示。

《公路工程质量检验评定标准 第一册 土建工程》检测频率要求　　　　表 1.6-3

记录编号										
工程名称										
工程部位										
样品信息										
检测日期					试验条件					
检测依据					判定依据					
设备及编号				手工辅砂仪/		钢直尺/				
检测里程										
委托编号					检测编号					
编号	测点位置	测定值/mm								
		第 1 处			第 2 处			第 3 处		
		测值 1	测值 2	平均值	测值 1	测值 2	平均值	测值 1	测值 2	平均值
备注										

1.6.1.6　结果计算

（1）构造深度测试结果按下式计算：

$$TD = \frac{1000V}{\pi D^2/4} = \frac{31831}{D^2}$$

式中：V——砂的体积（25cm³）；

D——摊平砂的平均直径（mm）。

（2）每一测试位置结果均取 3 次路面构造深度的测试结果的平均值，精确至 0.01mm。当平均值小于 0.2mm 时，试验结果以 ＜0.2mm 表示。

（3）计算测试路段构造深度的平均值、标准差、变异系数。

1.6.1.7　检测案例分析

【案例】对某道路工程项目新建道路 A 桩号 K1＋000～K1＋600 段 AC-13C 沥青混合料上面层进行抗滑性能检测，现场为双向 2 车道，检测长度为 600m，本次试验中采用手工铺砂法对待检路段 A 进行检测。

（1）基本信息

现场手工铺砂法摊砂直径见表 1.6-4。

手工铺砂法检测现场记录表　　　　　　　　表 1.6-4

编号	测点位置	摊砂直径测定值/mm								
		第 1 处			第 2 处			第 3 处		
		测值 1	测值 2	平均值	测值 1	测值 2	平均值	测值 1	测值 2	平均值
1	左幅 K1＋000	224	216	220	232	212	222	210	215	213
2	左幅 K1＋200	230	230	230	214	230	222	212	220	216
3	左幅 K1＋400	201	233	217	210	217	214	222	213	217
4	右幅 K1＋500	222	239	231	213	226	220	230	232	231
5	右幅 K1＋300	225	230	228	240	246	243	233	226	230
6	右幅 K1＋100	218	205	211.5	235	212	223.5	236	210	223

（2）计算路面构造深度

计算每处路面手工铺砂法摊铺直径平均值，计算单个构造深度（TD）及其平均值，结果如表 1.6-5 所示。

手工铺砂法单个 TD 值及平均值　　　　　　　表 1.6-5

编号	测点位置	直径平均值/mm	TD/mm	
			单个值	平均值
1	左幅 K1＋000	220	0.66	0.67
2		222	0.66	
3		213	0.70	
4	左幅 K1＋200	230	0.60	0.65
5		222	0.66	
6		216	0.68	
7	左幅 K1＋400	217	0.68	0.68
8		214	0.70	
9		218	0.67	
10	右幅 K1＋500	231	0.60	0.62

编号	测点位置	直径平均值/mm	TD/mm	
			单个值	平均值
11	右幅 K1 + 500	220	0.66	0.62
12		231	0.60	
13	右幅 K1 + 300	228	0.62	0.59
14		243	0.54	
15		230	0.60	
16	右幅 K1 + 100	212	0.71	0.66
17		224	0.64	
18		223	0.64	

现场检测统计点数为 6 处，平均值为 0.65mm，标准差 0.03，变异系数 5.12。由于该段道路设计值为 TD > 0.55，故本新建道路 A 桩号 K1 + 000～K1 + 600 段构造深度值检测符合设计要求。

1.6.1.8 检测报告

手工铺砂法检测构造深度的正式报告应符合规范《公路路基路面现场测试规程》JTG 3450—2019、《公路工程质量检验评定标准 第一册 土建工程》JTG F80/1—2017、《城镇道路工程施工与质量验收规范》CJJ 1—2008 的相关要求，主要内容包括：

（1）测试路段信息（桩号、测试位置等）。

（2）构造深度。

（3）测试路段构造深度的平均值、标准差及变异系数。

参照上述工程实例，现场检测报告模板如表 1.6-6 所示。

路面构造深度试验检测报告（手工铺砂法） 　　　　表 1.6-6

报告编号			
委托单位		工程名称	某道路工程项目
工程部位	新建道路 A		
样品信息	表面洁净、平整		
检测依据	JTG 3450—2019	判定依据	CJJ 1—2008、设计图纸
仪器设备及编号	手工铺砂仪/　　　　深度尺/		
设计/标准值/mm	TD > 0.50mm	试验日期	2024-01-03
检测里程	K1 + 000～K1 + 600		
委托编号		检测编号	

续表

编号	测点位置	构造深度/mm	
		单个值	平均值
1	左幅 K1+000	0.66 0.66 0.70	0.67
2	左幅 K1+200	0.60 0.66 0.68	0.65
3	左幅 K1+400	0.68 0.70 0.67	0.68
4	右幅 K1+500	0.60 0.66 0.60	0.62
5	右幅 K1+300	0.62 0.54 0.60	0.59
6	右幅 K1+100	0.71 0.64 0.64	0.66
检测结果	统计点数	6	平均值/mm	0.65
	保证率		标准差/mm	0.03
	变异系数	5.12		
	结论	本次共检测6处，该路段构造深度符合设计要求		

1.6.1.9 注意事项

关于铺砂法所用的砂及量筒，日本铺装试验法规定，对粗糙路面用粒径 0.15～0.30mm 的砂 50cm³，对致密路面用粒径 0.075～0.15mm 的砂 10cm³。上述规定从理论上讲比较合理，不致使铺开的砂面积过小或过大，但实际上不好统一。为防止混乱，我国统一规定使用粒径 0.15～0.3mm 的砂和 25cm³ 量筒。

手工铺砂法测试结果误差较大的原因有很多，例如装砂和叩击方法无量化标准，不少人直接用量筒到装砂的筒中装砂，叩击量筒力度大小不一，均致使量筒中的砂紧密程度不一样，影响砂量。此外，因摊铺过程力度不同，摊铺结果亦因人而异。

1.6.2　车载式激光构造深度仪测试路面构造深度法

1.6.2.1　检测范围

激光构造深度仪法利用激光束进行测量，实现对路面绝对高程变化的极高精度测量，能够捕捉并记录微小的路面特征，并能运用非接触性的激光测量原理，成功规避了与路面直接接触，减小了测量误差。除此以外，出色的连续测量能力，可使其在相对较短的时间内完成对广泛路段的高频率、高速率的数据采集，因此对于不同路面类型（如高速公路、城市街道等）具有广泛的适用性，能够在各种道路条件下可靠运行。

因此，车载式激光构造深度仪适合新、改建路面工程质量验收，无严重破损病害及积水、积雪、泥浆等影响正常行车条件下连续采集路面构造深度，但不适用于带有沟槽构造的水泥路面。

1.6.2.2　试验原理

激光构造深度仪即利用激光测距的原理测量地面材料颗粒表面以及材料颗粒之间的深度或绝对高程的变化情况，其输出的测试结果是沿测线断面一定间距的平均深度数据。由于测试方法和原理不同，激光构造深度仪与铺砂法的测试结果存在一定的差异。应通过对比试验，建立相关关系式，将激光构造深度仪的测值转换为铺砂法构造深度值后，才能评定测试结果。

激光路面构造深度测定仪测试车以一定的速度在路面上行驶，固定在汽车底盘上的一排激光传感器通过测试激光束反射回读数器的角度来测试路面，仪器集成激光器，以发射激光束瞄准路面，激光束与路面相互作用，产生反射信号返回激光式构造深度仪，而底盘上配置光学接收器，用于接收反射回来的激光信号，通过准确测量激光从发射到接收所用的时间，计算激光在大气中的传播距离，利用激光在大气中传播的距离以及仪器安装高度，计算出车辆底部到路面的确切高度，其原理示意图如图 1.6-4 所示。

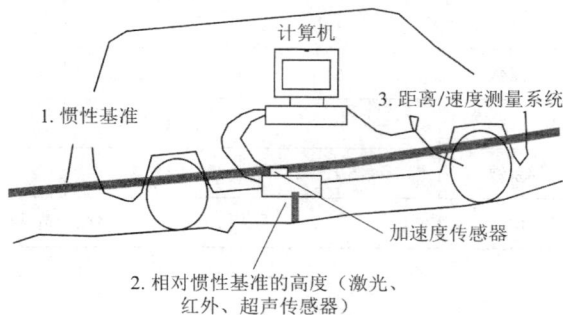

图 1.6-4　构造深度测试系统

在车辆行驶过程中，激光式构造深度仪持续测量，实现对路面高程变化的无缝连续测量，采集到的高程数据经仪器内部的数据记录系统实时处理和分析，最终生成路面构造深度的详尽评估结果。同时，利用车辆设备右后方的距离测定装置以及 GPS 定位系统，输出距离信号同测试车上装的加速度计信号进行互差，消除测试车自身的颠簸，输出路面真实断面信号。信号处理系统将来自激光传感器的模拟信号转换成数字信号并记录下来。通过数据分析系统，可显示构造深度指数等构造深度检测结果。

1.6.2.3 检测依据

目前激光构造深度仪法检测路面构造深度的依据主要有以下：

（1）行业标准《公路路基路面现场测试规程》JTG 3450—2019。

（2）行业标准《公路工程质量检验评定标准 第一册 土建工程》JTG F80/1—2017。

（3）行业标准《城镇道路工程施工与质量验收规范》CJJ 1—2008。

（4）行业标准《公路沥青路面设计规范》JTG D50—2017。

1.6.2.4 检测仪器及技术要求

测试系统由承载车、距离传感器、激光传感器和主控制单元组成，配备的专用软件应自动进行数据采集、传输、记录和数据处理。其主要技术要求如下：

（1）最大测试速度：≥50km/h。

（2）采样间隔：≤5mm。

（3）传感器垂直测距示值误差：≤0.1mm。

（4）距离标定误差：<0.1%。

1.6.2.5 检测步骤

1）准备工作

（1）设备安装到承载车上以后应进行相关性试验。

（2）对测试系统各传感器进行自标定。

（3）现场安装距离测量装置时，应确保机械紧固装置安装牢固。

（4）打开测试系统电源，启动控制程序，检查各部分的工作状态，并预热测试系统。

2）测试步骤

（1）承载车停在测试起点前 50～100m 处，启动测试系统程序，按照测试路段的现场技术要求设置所需的测试状态。

（2）驾驶员应在规定的测试速度范围驾驶承载车，避免急加速和急减速，急弯路段应放慢车速，沿正常行车轨迹驶入测试路段。

（3）进入测试路段后，启动控制单元的采集和记录程序，在测试过程中必须及时准确地将测试路段的起、终点和其他需要特殊标记的位置输入到测试数据记录中。

（4）当承载车驶出测试路段后，停止数据采集和记录，将仪器恢复至初始状态。

（5）检查测试数据文件应完整，内容应正常，否则需要重新测试。

（6）关闭测试系统电源，结束测试。

（7）现场检测作业时填写原始记录表，如表 1.6-7 所示。

激光式构造深度法检测现场记录表 表 1.6-7

记录编号	
工程名称	
工程部位	
样品信息	

续表

试验检测日期			试验条件		
检测依据			判定依据		
仪器名称编号					
检测里程					
委托编号			检测编号		
公路等级		结构类型		规定值	
序号	文件名		起止点桩号	长度/m	备注
备注					

1.6.2.6 数据处理

按照本书附录 B 检测路段数据统计方法，计算每一个测试路段构造深度的平均值、标准差、变异系数。

1.6.2.7 工程检测实例

【案例】对某道路工程项目新建道路 A 桩号 K1＋000～K1＋600 段 AC-13C 沥青混合料上面层进行构造深度检测，现场为双向 2 车道，试验长度为 600m，城镇道路等级为主干道。本次试验采用激光构造深度法对待检路段 A 进行检测。其检测频率参照行业标准《城镇道路工程施工与质量验收规范》CJJ 1—2008 的要求，如表 1.6-1 所示。

现场激光构造深度仪法检测的路段 A 各路段构造深度测试值如表 1.6-8 所示。

激光式构造深度法检测现场记录表 表 1.6-8

路幅	开始桩号	结束桩号	左 LTD/mm	中 MTD/mm	右 RTD/mm
左幅	K1＋000	K1＋200	0.63	0.71	0.68
	K1＋200	K1＋400	0.55	0.61	0.60
	K1＋400	K1＋600	0.65	0.60	0.58

续表

路幅	开始桩号	结束桩号	左 LTD/mm	中 MTD/mm	右 RTD/mm
右幅	K1 + 600	K1 + 400	0.64	0.66	0.63
	K1 + 400	K1 + 200	0.62	0.65	0.60
	K1 + 200	K1 + 000	0.61	0.67	0.66

计算相关数据，统计现场各路段构造深度检测数据，得到表 1.6-9。

激光式构造深度法检测现场记录表　　　　　表 1.6-9

路幅	开始桩号	结束桩号	左 LTD/mm	中 MTD/mm	右 RTD/mm	均值 TD/mm
左幅	K1 + 000	K1 + 600	0.61	0.64	0.62	0.62
右幅	K1 + 600	K1 + 000	0.62	0.66	0.63	0.64
平均值/mm						0.63
标准差						0.018
变异系数/%						2.83

其中检测统计区间 6 个，合格区间 6 个，合格率为 100%，左幅路面激光构造深度均值为 0.62mm，右幅路面均值为 0.64mm，路段两幅平均值为 0.63mm，标准差为 0.018，变异系数为 2.83%，由于该段道路设计值 TD > 0.50mm，故本项目新建道路 A 难号 K1 + 000～K1 + 600 段构造深度值符合设计要求。

1.6.2.8　检测报告

车载式激光构造深度仪测试路面构造深度方法的检测报告应符合行业标准《公路路基路面现场测试规程》JTG E450—2019、《公路工程质量检验评定标准　第一册　土建工程》JTG F80/1—2017、《城镇道路工程施工与质量验收规范》CJJ 1—2008 的相关要求，检测报告的主要内容包括：

（1）测试路段信息（桩号、长度等）。

（2）测试路段构造深度的平均值、标准差及变异系数。

（3）若进行相关性试验，还应包含相关性关系式及相关系数。

1.6.2.9　注意事项

1）目前激光构造深度仪一般都采用车载式，其测试效率高、测试结果稳定，并能同步采集平整度、车辙等其他断面指标，大多数检测单位使用该法。但由测试工作原理所限，该设备在具有槽状或坑状表面构造的水泥混凝土路面上使用受到限制。早期部分车载式激光构造深度仪的激光传感器采集响应频率偏低，导致测试速度较慢，不能发挥车载式设备的优势。因此，我们在设备技术要求中规定了最大测试速度与必须达到的最低测试速度标准。

另外，目前激光构造深度仪的测试结果有 SMTD（传感器测量构造深度）、MPD（剖面深度）、MTD（平均纹理深度）等几种不同算法，相当一部分进口设备的直接输出结果并不是我国规定的 SMTD 算法，故使用单位在设备的招标和采购过程中应该要求销售商提供

SMTD 计算结果。

2）激光构造深度仪测试值与手工铺砂法构造深度值相关性试验

（1）选择构造深度分别在 0～0.3mm、0.3～0.55mm、0.55～0.8mm、0.8～1.2mm 范围的 4 段长度为 100m 的试验路段。试验前将路面清扫干净，并在起、终点作上标记。

（2）在每个试验路段上沿一侧行车轮迹用铺砂法至少测试 10 点的构造深度值，并计算平均值。

（3）驾驶承载车以 30～50km/h 速度驶过试验路段，并且保证激光构造深度仪的激光传感器探头沿铺砂法所测构造深度的行车轮迹运行，计算试验路段的构造深度平均值，现场手工铺砂法与激光式构造深度路段相关系数示值见表 1.6-10。

（4）建立两种方法的相关性关系式，要求相关系数R不小于 0.97。

现场手工铺砂法与激光式构造深度法路段相关系数示值表   表 1.6-10

试件编号	铺砂法			激光法
	直径/mm		TD/mm	MTD/mm
1	140	145	1.57	2.12
2	148	141	1.53	1.94
3	165	156	1.24	1.58
4	165	165	1.17	1.57
5	160	160	1.24	1.66
6	155	155	1.32	1.65
7	161	160	1.24	1.74
8	170	170	1.10	1.54
9	183	185	0.94	1.44
10	175	175	1.04	1.46
11	200	198	0.80	1.05
12	170	171	1.09	1.39
13	165	165	1.17	1.58
14	169	162	1.16	1.55
15	170	168	1.11	1.49
16	185	175	0.98	1.31

综上所得，设x为手工铺砂测试构造深度值，y为激光法测试构造深度值，则二者之间换算关系为$y = 1.183x + 0.1843$，相关系数$R = 0.982$，满足行业标准《公路路基路面现场测试规程》JTG 3450—2019 对于激光构造深度仪测试值与手工铺砂法构造深度值相关性试验中相关性系数的要求。

1.6.3 摆式仪测试路面摩擦系数法

1.6.3.1 检测范围

摆式仪测试路面摩擦系数法适用于以指针式摆式仪测试无刻槽水泥路面和沥青路面的

摆式摩擦系数值 BPN。

1.6.3.2　试验原理

摆式仪测定路面摩擦系数的原理是：为了模拟汽车以一定速度行驶时，汽车轮胎与路面表面之间的摩擦作用，使具有一定质量和一定长度的摆锤，从一定高度自由下摆时，摆锤底面橡胶片与路面表面接触并滑动一定长度，由于克服摩擦力要损耗部分能量，摆锤回摆不到起始高度。摆的位能损失等于安装于摆臂末端橡胶片滑过路面时克服路面摩擦力所做的功。所以，回摆高度越小，与起始高度的差值越大，说明摩擦系数越大。摆值（BPN）是摆式仪的刻度，为摩擦系数的 100 倍。

1.6.3.3　检测依据

目前摆式仪法检测路面摩擦性能的依据主要有：

（1）行业标准《公路路基路面现场测试规程》JTG 3450—2019。

（2）行业标准《城镇道路工程施工与质量验收规范》CJJ 1—2008。

（3）行业标准《公路工程质量检验评定标准 第一册 土建工程》JTG F80/1—2017。

（4）行业标准《公路沥青路面施工技术规范》JTG F40—2004。

（5）行业标准《公路沥青路面设计规范》JTG D50—2017。

1.6.3.4　检测仪器及技术要求

（1）指针式摆式仪：形状及结构如图 1.6-5 所示，测试时人工直接读数，摆值最小刻度为 2。

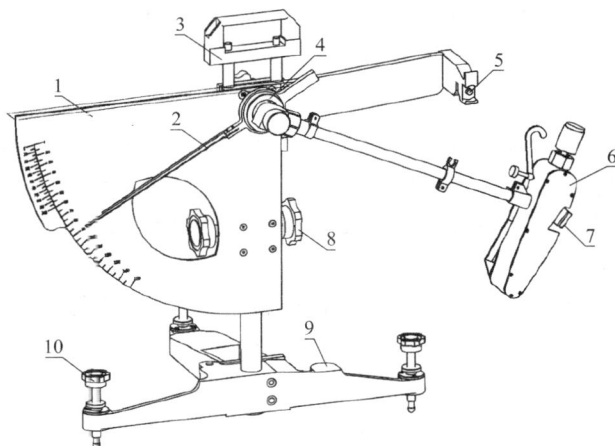

图 1.6-5　指针式摆式仪结构示意图

1—度盘；2—指针；3—紧固把手；4—松紧调节螺栓；5—释放开关；6—摆；
7—滑溜块；8—升降把手；9—度盘；10—水准泡

（2）橡胶片：尺寸为 6.35mm×25.4mm×76.2mm，橡胶质量应符合表 1.6-11 的要求。橡胶片使用后，当端部在长度方向上磨耗超过 1.6mm、边缘在宽度方向上磨耗超过 3.2mm、有油类污染时，即应更换新橡胶片。新橡胶片应先在干燥路面上测试 10 次后再用于测试，橡胶片的有效使用期为 12 个月，其中橡胶片的物理性质技术要求见表 1.6-11。

橡胶物理性质技术要求　　　　　　　　　　表 1.6-11

性能指标	温度/℃				
	0	10	20	30	40
回弹值/%	43~49	58~65	66~73	71~77	74~79
硬度/HD	55±5				

（3）滑动长度量尺：长度 126mm。

（4）喷水壶。

（5）路面温度计：分度值不大于 1℃。

（6）其他：毛刷或扫帚、记录表等。

1.6.3.5　检测步骤及修正

1）准备工作

（1）检查指针式摆式仪的调零灵敏度，并定期进行滑块压力的标定。

（2）每个测试位置布设 3 个测点，测点间距离为 3~5m，以中心测点的位置表示该测试位置。具体选点方法参照本书附录 A，测试位置应选在车道横断面上轮迹处，且距路面边缘不应小于 1m。

2）测试步骤

（1）清洁路面

用扫帚或其他工具将测点处路面上的浮尘或附着物打扫干净。

（2）仪器调平

①将指针式摆式仪置于路面测点上，并使摆的摆动方向与行车方向一致；

②转动底座上的调平螺栓，使水准泡居中。

（3）指针调零

①放松紧固旋钮，转动升降旋钮，使摆升高并能自由摆动然后旋紧紧固旋钮。

②将摆固定在右侧悬臂上，使摆处于水平位置，并将指针拨至右端与摆杆贴紧。

③右手按下释放开关，使摆向左带动指针摆动，当摆达到最高位置后刚开始下落时，用左手接住摆杆，此时指针应指零。

④指针若不指零，转动松紧调节螺母进行调整后，重复步骤①~③，直至指针指零，调零允许误差为±1。

（4）校核滑动长度

①让摆处于自然下垂状态，松开固定旋钮，转动升降旋钮使摆下降，并提起举升柄使摆向左侧摆动，然后放下举升柄使橡胶片长边下缘轻轻触地，在边侧紧靠橡胶片摆放滑动长度量尺，使量尺左端对准橡胶片触地下缘；再提起举升柄使摆向右侧摆动，然后放下举升柄使橡胶片下缘轻轻触地，检查橡胶片下缘是否与滑动长度量尺的右端齐平。若齐平，则说明橡胶片两次触地的距离（滑动长度）符合（126±1）mm 的要求。左右两次橡胶片长边边缘均应刚刚接触路面，不可借摆的力量向前滑动，以免标定的滑动长度与实际不符。

②若橡胶片两次触地与量尺两端不齐平，通过升高或降低摆或仪器底座的高度进行调整。微调时，也可用旋转仪器底座上的调平螺丝调整仪器底座高度，但需注意保持水准泡居中。

③重复步骤①～②，直至滑动长度符合 126mm ± 1mm 的要求。

（5）将摆固定在右侧悬臂上，使摆处于水平位置并把指针拨至右端靠紧摆杆。

（6）用喷水壶浇洒测点处路面，使之处于湿润状态。

（7）按下右侧悬臂上的释放开关，使摆在路面滑过，当摆杆回落时，用手接住摆杆并读数，但不做记录。

（8）按照步骤（5）～（7）的要求，重复操作 5 次，读记每次测试的摆值。5 个摆值中最大值与最小值的差值不得大于 3。如差值大于 3，应重复上述各项操作，至符合要求。

（9）在测点处用温度计测量潮湿路表温度，精确至 1℃。

（10）重复上述步骤，完成一个测试位置 3 个测点的摆值测试。

（11）现场检测作业时填写原始记录表，如表 1.6-12 所示。

摆式仪检测路面摩擦系数现场记录表　　　　　表 1.6-12

记录编号					
工程名称					
工程部位					
样品信息					
检测日期		试验条件			
检测依据		判定依据			
仪器名称及编号	摆式仪/		测温仪/		钢直尺/
检测里程					
委托编号		检测编号			
编号	测点位置　　　路温/℃	单点测定值			
		第1点	第2点	第3点	第4点　第5点
备注					

1.6.3.6　数据处理

（1）计算每个测点 5 个摆值的平均值作为该测点的摆值 BPNT，取整数。

道路工程检测

（2）每个测点的摆值按如下要求进行温度修正。

当路面温度为T时测得的摆值BPN_T应按下式换算成标准温度20℃的摆值BPN_{20}：

$$BPN_{20} = BPN_T + \Delta BPN$$

式中：BPN_{20}——换算成标准温度20℃时的摆值；

BPN_T——路面温度T时测得的摆值；

ΔBPN——温度修正值，按表1.6-13采用。

摆式仪检测路面摩擦系数现场温度修正值　　　　表1.6-13

温度/℃	0	5	10	15	20	25	30	35	40
温度修正值 ΔBPN	−6	−4	−3	−1	0	+2	+3	+5	+7

（3）计算每个测试位置3个测点摆值的平均值，作为该测试位置的摆值，取整数。

（4）计算一个测试路段摆值的平均值、标准差、变异系数。

1.6.3.7　检测案例分析

【案例】对某道路工程项目新建道路A桩号K1+000～K1+600段AC-13C沥青混合料上面层进行摩擦系数检测，现场为双向2车道，本次试验中采用摆式仪法对待检路段A进行检测，其检测频率参照行业标准《城镇道路工程施工与质量验收规范》CJJ 1—2008的要求，如表1.6-1所示。

（1）基本信息

现场摆式仪法检测路面摩擦系数的路表温度以及检测值见表1.6-14。

现场摆式仪法检测路面摩擦系数的路表温度以及检测值　　　　表1.6-14

编号	测点位置	路表温度/℃	单点测定摆值				
			第1点	第2点	第3点	第4点	第5点
1	左幅 K1+030	35	54	56	56	56	55
			56	58	56	56	56
			56	56	58	56	58
2	右幅 K1+260	35	50	50	52	52	52
			58	60	60	58	60
			52	54	54	54	52
3	左幅 K1+540	35	52	52	52	52	54
			60	60	60	60	58
			52	54	52	53	52

（2）计算路面摆值 BPN_{20}

现场摆式仪法检测路面摩擦系数的温度修正摆值见表1.6-15。

76

现场摆式仪法检测路面摩擦系数的温度修正摆值　　　　　表 1.6-15

编号	测点位置	路温/℃	单点测定值					抗滑值平均值 BPN	修正后标准温度摆值 BPN$_{20}$	平均摆值 BPN$_{20}$
			1	2	3	4	5			
1	左幅 K1 + 030	35	54	56	56	56	55	55	60	61
			56	58	56	56	56	56	61	
			56	56	58	58		57	62	
2	右幅 K1 + 260	35	50	50	52	52	52	51	56	59
			58	60	60	58	60	59	64	
			52	54	54	54	52	53	58	
3	左幅 K1 + 540	35	52	52	52	52	54	52	57	60
			60	60	60	60	58	60	55	
			52	54	52	53	52	53	58	

其中新建道路 A 桩号 K1 + 000～K1 + 600 检测统计 3 处，修正后标准温度摆值的平均值为 60，标准差为 1.53，变异系数为 2.52%。由于该段道路 BPN 设计值为 45，故新建道路 A 桩号 K1 + 000～K1 + 600 段摩擦系数值检测符合设计要求。

1.6.3.8　检测报告

摩擦系数检测的检测报告应符合行业标准《公路路基路面现场测试规程》JTG 3450—2019、行业标准《公路工程质量检验评定标准　第一册　土建工程》JTG F80/1—2017、行业标准《城镇道路工程施工与质量验收规范》CJJ 1—2008 的相关要求，检测报告的主要内容包括：

（1）测试路段信息（桩号、测试位置等）。

（2）每个测试位置的摆值（3 个测点的平均值）。

（3）测试路段摆值的平均值、标准差及变异系数。

参照上述工程实例，现场检测报告模板如表 1.6-16 所示。

路面摩擦系数试验检测报告（摆式仪法）　　　　　表 1.6-16

报告编号			
委托单位		工程名称	某道路工程项目
工程部位	新建道路 A		
样品信息	表面洁净、平整		
检测依据	JTG 3450—2019	判定依据	CJJ 1—2008、设计要求
主要仪器设备名称及编号	摆式仪/　　　测温仪/　　　钢直尺/		
设计/标准值	45	试验日期	2024-01-03
检测里程	K1 + 000～K1 + 600		
委托编号	—	检测编号	—

编号	测点位置	路面温度/℃	测点抗滑值平均值BPN	标准温度摆值BPN$_{20}$	平均摆值BPN	
1	左幅 K1 + 030	35	55	60	61	
			56	61		
			57	62		
2	右幅 K1 + 260	35	51	56	59	
			59	64		
			53	58		
3	左幅 K1 + 540	35	52	57	60	
			60	65		
			53	58		
检测结果	统计点数	3	保证率	—	变异系数/%	2.52%
	平均值	60	标准差	1.53		
	结论		本次共检测 3 处，全部符合设计要求			
备注						

1.6.3.9 注意事项

指针式摆式仪是由原英国道路和运输研究所（TRRL）发明的用于测试路面抗滑能力的一种装置，BPN 是 British Pendulum Number 的缩写，代表指针式摆式仪的刻度值。多年来，此设备已被世界各国广泛用于测试抗滑性能。本节是参照国外通用的试验方法（如 BS598、ASTM E303、AASHTO、日本铺装试验法便览 7-5）编写的。

指针式摆式仪所使用的橡胶片对测试结果有很大影响。各国标准均规定橡胶片应符合英国 BS812 天然橡胶或美国 ASTM E501 合成橡胶的要求，我国采用自行研制的合成橡胶，本节采用英国 BS812 标准。

英、美、日等国都使用不同的摆值温度修正公式或曲线图，我国基于在国内开展的试验测试结果，采用了修正值表的方法，中间温度的修正值可采用内插法计算。

指针式摆式仪的指针归零标定步骤非常重要，但长期以来，受我国多数生产厂家对指针式摆式仪的制造工艺和材料所限，大部分指针式摆式仪指针控制效果不过关，导致测试结果准确性也不能满足要求。为改进指针读数方式的缺陷，近年来国内外已开发出数字式摆式仪，通过电测传感器读取测试摆值结果。数字摆式仪的电测方式既改进了指针结构带来的弊端，也避免了人工读值的误差，大大提高了测试结果的准确性。

1.6.4 双轮式横向力系数测试系统测试路面横向力系数法

1.6.4.1 检测范围

我国标准体系中引入的横向力系数测试系统是英国的 SCRM 系统，其工作原理为：与行车方向成 20°偏角并承受一定垂直荷载的测定轮，以一定速度行驶在潮湿路面上，测试轮胎受到的侧向摩擦阻力与垂直荷载的比值，称为横向力系数，简称 SFC。由于其他类型的横向力系数测试系统在测试轮的偏角、荷载、轮胎等方面有差别，所测得的横向力系数不同于 SCRM 测试车。

双轮式横向力系数测定车能通过施加横向侧向力，该仪器能够逼真地模拟湿滑路面上车辆发生横向滑移的情境，提供更为真实的测试环境，测量横向力和滑移，为路面抗滑性能的评估提供精准的数据，同时具备实时监测横向力和滑移的能力，提供及时的数据反馈，有助于实时评估路面性能。

1.6.4.2 试验原理

双轮式横向力系数测试系统以英国制造的 Mu-Meter 摩擦系数测试系统为代表，其工作原理为互成 15°夹角（与行车方向各成 7.5°偏角）并承受一定垂直荷载的两个测定轮，以一定速度行驶在潮湿路面上，通过施加垂直于车辆行驶方向的横向侧向力于轮胎，模拟车辆在湿滑路面上发生横向滑移的情境，传感器等装置实时测量车轮的横向滑移，即轮胎在横向方向上相对于路面的滑移速度，仪器测量由于车辆横向滑移而产生的横向力，即轮胎与路面之间的横向附着力。通过测得的横向力和滑移数据，计算横向力系数。横向力系数为车轮横向摩擦阻力与垂直于路面的荷载的比值，是评估路面抗滑性能的重要参数。

1.6.4.3 检测依据

目前双轮式横向力系数测试系统检测路面横向力系数方法的依据主要有：
（1）行业标准《公路路基路面现场测试规程》JTG 3450—2019。
（2）行业标准《城镇道路工程施工与质量验收规范》CJJ 1—2008。
（3）行业标准《公路工程质量检验评定标准 第一册 土建工程》JTG F80/1—2017。
（4）行业标准《公路沥青路面施工技术规范》JTG F40—2004。
（5）行业标准《公路沥青路面设计规范》JTG D50—2017。
（6）行业标准《公路技术状况评定标准》JTG 5210—2018。

1.6.4.4 检测仪器及技术要求

双轮式横向力系数测试系统主要由牵引车、供水系统、测试单元、主控制单元、标定装置等组成，测试系统见图 1.6-6 和图 1.6-7，其主要技术要求如下：

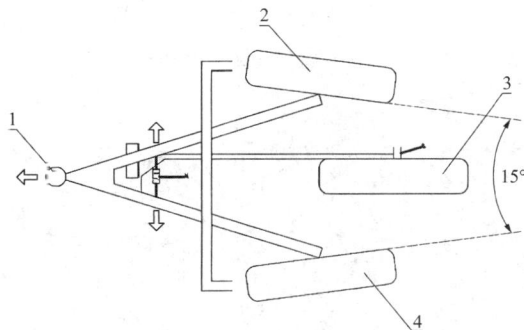

图 1.6-6 双轮式横向力系数平面点示意图

1—牵引点；2—旋转试验轮；3—记录器；4—固定试验轮

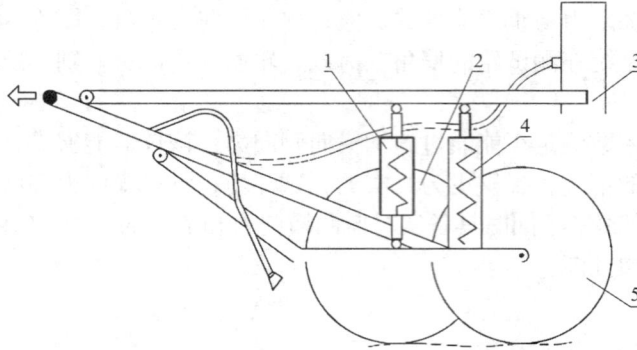

图 1.6-7 双轮式横向力系数侧面点示意图

1—阻尼弹簧；2—旋转试验轮；3—记录器；4—低速弹簧；5—固定试验轮

（1）牵引车最高行驶车速须大于 80km/h，车辆后部可安装专用拖挂的装置，车辆应配备警示灯及相关警示标志。

（2）测试单元总重：256kg。

（3）单轮静态标准荷载：1.27kN。

（4）测试轮夹角：15°。

（5）横向力系数测试轮气压：（70±3.5）kPa。

（6）距离测试轮气压：（210±13.7）kPa。

（7）测试轮规格：4.00/1.80-8 光面轮胎。

（8）路面洒水厚度：0.5～1.0mm。

（9）测试速度范围：40～60km/h。

1.6.4.5 检测步骤

1）准备工作

（1）进入现场测试前应用应力传感器标定。将设备配套提供的标定板放在地面上，人工将测试仪从板上按要求拖拉三遍，由系统自动判断标定是否通过，标定通过后才进行路面测试，双轮式横向力系数车见图 1.6-8。

图 1.6-8 双轮式横向力系数车

（2）正式开始测试前设备应预热 10min 左右，并检查设备能否正常工作，机油是否需要更换。

（3）检查横向力系数测试轮、距离测试轮（或水车车轮）的轮胎胎压是否满足规定要求，长距离或长时间测试过程中也应补充检查胎压。

（4）降下测试轮，打开水阀检查水流情况，水流应符合要求，检查仪表各项指数，然后升起测试轮。

（5）将牵引车与洒水车（可选）、测试单元及控制线路连接线依次连好，启动主控制单元，进入测试状态，同时发动汽油机，打开水阀，准备测试，双轮式横向力系数测试现场准备见图 1.6-9。

图 1.6-9 双轮式横向力系数测试现场准备

2）测试步骤

（1）将车辆驶向测试路段，在测试位置前约 200m 处打开水阀，降下测试轮。测试车速应匀速，保持在 40～60km/h 范围内。

（2）测试过程中，测试人员应及时准确将测试路段需要标记的起、终点和其他特殊点的位置输入测试数据记录中。

（3）驶出测试路段后，停止测试，存储数据文件。

（4）现场检测作业时填写原始记录表，如表 1.6-17 所示。

双轮式横向力系数车检测现场记录表　　　　　　　表 1.6-17

记录编号			
工程名称			
工程部位			
样品信息			
检测日期		试验条件	
检测依据		判定依据	
仪器名称编号			
检测里程			

委托编号			检测编号		
公路等级		结构类型		SFC 规定值	
测试速度/（km/h）		测试温度/℃		横向力测试轮气压/kPa	
序号	文件名		起止桩号	长度	备注
备注					

1.6.4.6 数据处理及修正

（1）SFC 值的速度修正

以测试结果使用时所需的速度作为标准测试速度，其他测试速度条件下得到的 SFC 值应转换至标准速度下的等效 SFC 值。

$$\text{SFC}_{标} = \text{SFC}_{测} - 0.22(V_{标} - V_{测})$$

式中：$\text{SFC}_{标}$——标准测试速度下的等效SFC值；

$\text{SFC}_{测}$——现场实际测试速度条件下的 SFC 测试值；

$V_{标}$——标准测试速度（km/h），可按设计要求取值；

$V_{测}$——现场实际测试速度。

（2）SFC 值的温度修正

测试系统的标准现场测试地面温度为 20 ± 5℃，其他地面温度条件下测试的 SFC 值必须通过表 1.6-18 转换成标准温度下的等效 SFC 值。系统测试要控制在 8～60℃的地面温度范围内，其中沥青路面抗滑能力温度修正系数见表 1.6-18。

沥青路面 SFC 温度修正系数表　　　　　表 1.6-18

温度/℃	10	15	20	25	30	35	40	45	50
修正	−3	−1	0	+1	+3	+4	+6	+7	+8

（3）计算一个测试路段路面横向力系数的平均值、标准差以及标准值。

根据行业标准《公路工程质量检验评定标准 第一册 土建工程》JTG F80/1—2017 附录中的相关规定，沥青路面横向力系数 SFC 的代表值为其算术平均值的下置信限值，应采用下式计算：

$$SFC_r = \overline{SFC} - \frac{t_\alpha}{\sqrt{N}} S$$

式中：SFC_r——SFC代表值；

$\overline{SFC}$——SFC平均值；

S——标准差；

N——采集数据样本数量；

t_α——t分布表中随测点数和保证率（或置信度α）而变的系数，见附表 B.0-1。采用的保证率：高速公路、一级公路为95%；其他公路为90%。

1.6.4.7　检测案例分析

【案例】对某道路工程项目新建道路 A 桩号 K0＋000～K0＋200 段 AC-13C 沥青混合料上面层进行横向力系数检测，现场为双向 2 车道，道路等级为城镇支路。本次试验中采用双轮式横向力系数测试系统对待检路段 A 进行检测，其检测频率参照行业标准《城镇道路工程施工与质量验收规范》CJJ 1—2008 的要求，如表 1.6-1 所示。

（1）基本信息

现场路表平均温度为 35℃，设计要求标准测试速度为 60km/h，横向力系数测试轮气压 72.2kPa，距离测试轮气压 209.3kPa，测试轮能正常展开至 15°，轮胎磨损情况正常，水阀水流情况正常，路面水膜厚度满足行业标准《公路路基路面现场测试规程》JTG 3450—2019 的相关要求。

（2）现场数据记录

现场横向力系数测试值如表 1.6-19 所示。

现场横向力系数测试值统计表　　　　　　　　表 1.6-19

桩号		车向	车道	横向力系数
K0＋000	K0－010	左幅	第一车道	64.9
K0＋010	K0＋020	左幅	第一车道	54.7
K0＋020	K0＋030	左幅	第一车道	58.1
K0＋030	K0＋040	左幅	第一车道	54.4
K0＋040	K0＋050	左幅	第一车道	67.4
K0＋050	K0＋060	左幅	第一车道	64.8
K0＋060	K0＋070	左幅	第一车道	70.0
K0＋070	K0＋080	左幅	第一车道	68.1
K0＋080	K0＋090	左幅	第一车道	61.9
K0＋090	K0＋100	左幅	第一车道	62.7

桩号		车向	车道	横向力系数
K0＋100	K0＋110	左幅	第一车道	61.0
K0＋110	K0＋120	左幅	第一车道	66.8
K0＋120	K0＋130	左幅	第一车道	67.0
K0＋130	K0＋140	左幅	第一车道	68.2
K0＋140	K0＋150	左幅	第一车道	56.9
K0＋150	K0＋160	左幅	第一车道	61.7
K0＋160	K0＋170	左幅	第一车道	66.7
K0＋170	K0＋180	左幅	第一车道	59.5
K0＋180	K0＋190	左幅	第一车道	56.6
K0＋190	K0＋200	左幅	第一车道	60.7
K0＋000	K0＋010	右幅	第一车道	57.6
K0＋010	K0＋020	右幅	第一车道	67.6
K0＋020	K0＋030	右幅	第一车道	64.3
K0＋030	K0＋040	右幅	第一车道	59.2
K0＋040	K0＋050	右幅	第一车道	53.8
K0＋050	K0＋060	右幅	第一车道	61.6
K0＋060	K0＋070	右幅	第一车道	68.4
K0＋070	K0＋080	右幅	第一车道	69.0
K0＋080	K0＋090	右幅	第一车道	61.8
K0＋090	K0＋100	右幅	第一车道	67.2
K0＋100	K0＋110	右幅	第一车道	54.9
K0＋110	K0＋120	右幅	第一车道	56.5
K0＋120	K0＋130	右幅	第一车道	55.7
K0＋130	K0＋140	右幅	第一车道	59.8
K0＋140	K0＋150	右幅	第一车道	53.3
K0＋150	K0＋160	右幅	第一车道	55.9
K0＋160	K0＋170	右幅	第一车道	65.6
K0＋170	K0＋180	右幅	第一车道	53.9
K0＋180	K0＋190	右幅	第一车道	62.5
K0＋190	K0＋200	右幅	第一车道	57.3

（3）速度、温度修正

由于设计要求测试速度为 60km/h，且测试系统的标准现场测试地面温度为（20±5）℃，而现场的速度以及温度均不在设计以及规范要求范围内，因此需要对现场横向力系数测试值进行速度以及温度的修正，速度＋温度修正值如表 1.6-20 所示。

现场横向力系数测试值速度、温度修正值　　　　　　　　　表 1.6-20

桩号		车向	车道	横向力系数	温度/℃	车速/（km/h）	速度＋温度修正值
K0＋000	K0＋010	左幅	第一车道	64.9	20.2	50.3	62.8
K0＋010	K0＋020	左幅	第一车道	54.7	19.0	50.6	52.4
K0＋020	K0＋030	左幅	第一车道	58.1	19.4	60.4	58.1
K0＋030	K0＋040	左幅	第一车道	54.4	19.9	59.5	54.3
K0＋040	K0＋050	左幅	第一车道	67.4	19.5	57.2	66.7
K0＋050	K0＋060	左幅	第一车道	64.8	19.1	64.2	65.5
K0＋060	K0＋070	左幅	第一车道	70.0	20.8	52.9	68.6
K0＋070	K0＋080	左幅	第一车道	68.1	21.0	62.2	68.8
K0＋080	K0＋090	左幅	第一车道	61.9	19.9	46.9	59.0
K0＋090	K0＋100	左幅	第一车道	62.7	19.2	60.2	62.6
K0＋100	K0＋110	左幅	第一车道	61.0	20.3	51.0	59.1
K0＋110	K0＋120	左幅	第一车道	66.8	19.8	52.1	65.0
K0＋120	K0＋130	左幅	第一车道	67.0	20.6	61.3	67.4
K0＋130	K0＋140	左幅	第一车道	68.2	20.0	58.2	67.8
K0＋140	K0＋150	左幅	第一车道	56.9	20.6	55.1	55.9
K0＋150	K0＋160	左幅	第一车道	61.7	20.8	46.4	58.9
K0＋160	K0＋170	左幅	第一车道	66.7	20.8	47.2	64.0
K0＋170	K0＋180	左幅	第一车道	59.5	19.8	49.6	57.2
K0＋180	K0＋190	左幅	第一车道	56.6	19.7	48.7	54.1
K0＋190	K0＋200	左幅	第一车道	60.7	19.6	54.0	59.3
K0＋000	K0＋010	右幅	第一车道	57.6	20.8	52.4	56.1
K0＋010	K0＋020	右幅	第一车道	67.6	19.4	48.8	65.0
K0＋020	K0＋030	右幅	第一车道	64.3	19.3	64.4	65.1
K0＋030	K0＋040	右幅	第一车道	59.2	20.2	47.6	56.5
K0＋040	K0＋050	右幅	第一车道	53.8	20.0	60.7	54.0
K0＋050	K0＋060	右幅	第一车道	61.6	19.9	58.9	61.3
K0＋060	K0＋070	右幅	第一车道	68.4	19.9	65.0	69.5
K0＋070	K0＋080	右幅	第一车道	69.0	20.4	45.6	65.9
K0＋080	K0＋090	右幅	第一车道	61.8	19.1	53.1	60.1
K0＋090	K0＋100	右幅	第一车道	67.2	19.7	47.7	64.4
K0＋100	K0＋110	右幅	第一车道	54.9	19.0	56.0	53.8
K0＋110	K0＋120	右幅	第一车道	56.5	19.3	49.3	54.0

桩号		车向	车道	横向力系数	温度/℃	车速/（km/h）	速度 + 温度修正值
K0 + 120	K0 + 130	右幅	第一车道	55.7	19.9	58.8	55.4
K0 + 130	K0 + 140	右幅	第一车道	59.8	19.7	49.9	57.5
K0 + 140	K0 + 150	右幅	第一车道	53.3	20.5	64.2	54.3
K0 + 150	K0 + 160	右幅	第一车道	55.9	20.2	46.4	52.9
K0 + 160	K0 + 170	右幅	第一车道	65.6	19.5	49.9	63.3
K0 + 170	K0 + 180	右幅	第一车道	53.9	19.7	62.0	54.3
K0 + 180	K0 + 190	右幅	第一车道	62.5	19.0	57.9	61.8
K0 + 190	K0 + 200	右幅	第一车道	57.3	19.4	46.7	54.3

（4）计算路面横向力系数值

计算现场路段横向力系数值，如表 1.6-21 所示。

现场路段横向力系数值 表 1.6-21

桩号		车道	平均车速/（km/h）	SFC 均值	SFC 标准差	SFC 代表值
K0 + 000	K0 + 200	左幅第一车道	54.4	61.4	5.2	59.8
K0 + 000	K0 + 200	右幅第一车道	54.2	58.9	5.1	57.4

根据行业标准《公路技术状况评定标准》JTG 5210—2018 的相关要求，每 10m 输出一个 SFC 数据，因此该路段左右幅沥青路面的横向力系数检测区间数为 20 点。由于该段道路设计标准值$SFC_{60} \geqslant 54$，而根据行业标准《公路工程质量检验评定标准 第一册 土建工程》JTG F80/1—2017 附录 J 中相关要求，路段内的路面横向力系数应按照 SFC 的设计或验收标准值进行评定，故本项目新建道路 A 桩号 K0 + 000～K0 + 200 段左右幅横向力系数值检测均符合设计要求。

1.6.4.8 检测报告

横向力系数检测的检测报告应符合行业标准《公路路基路面现场测试规程》JTG 3450—2019、《公路工程质量检验评定标准 第一册 土建工程》JTG F80/1—2017、《城镇道路工程施工与质量验收规范》CJJ 1—2008 的相关要求，检测报告的主要内容包括：

（1）测试路段信息（桩号、测试位置等）。

（2）测试速度、温度。

（3）测试路段路面横向力系数的平均值、标准差及代表值。

（4）若进行相关性试验，还应包含相关性关系式及相关系数。

1.6.4.9 注意事项

目前我国已普遍将横向力系数测试系统作为高等级公路抗滑能力的检测设备，本方法对该类设备主要结构、工作原理和主要技术参数的规定基本与英国 SCRM 系统标准保持一致。根据我国公路工程评价标准的要求，该类设备的测试结果换算为 SFC 值后方可使用，得到的直接数据结果应参照单轮式横向力系数测试系统测试路面摩擦系数方法规定的相关内容转换为标准 SFC 值后才能进行相关的质量检验和评价。不同类型摩擦系数测试设备间相关性试验如下：

1）基本要求

当制动式摩擦系数测试设备或其他类型横向力式测试设备需换算成 SFC 使用时，应进行相关性试验，建立其他类型测试结果与 SFC 值的相关性关系。

2）试验条件

（1）选择 SFC 值分别为 0～30、30～50、50～70、70～100 的 4 段不同摩擦系数的路段，路段长度可为 100～300m。

（2）试验路段地面应清洁干燥，地面温度应在 10～30℃范围内，天气宜晴天无风。

3）试验步骤

（1）测试系统和需要进行相关性试验的其他类型设备分别按如下步骤准备就绪。

（2）两套设备分别以 40km/h、50km/h、60km/h、70km/h、80km/h 的速度在所选的 4 种试验路段上各测试 3 次，3 次测试的平均值的绝对差值不得大于 5，否则重测。

（3）两种试验设备设置的采样频率差值不应超过一倍，每个试验路段的采样数据量不应少于 10 个。

4）试验数据处理

（1）分别计算出每种速度下各路段 3 次测试结果的总平均值和标准差，超过 3 倍标准差的值应舍弃。

（2）用数理统计的回归分析方法建立试验设备测值与速度的相关性关系式，相关系数 R 不得小于 0.95。

第 2 章

水泥混凝土路面

　　水泥混凝土路面是当前城镇以及公路道路建设领域中最常见的路面结构类型，具有多重优势。水泥混凝土路面具有卓越的抗压强度和耐久性，适应性强，对于重型车辆的交通负荷表现良好；抗温差性能在温度波动环境中表现出色，不易受到温度引起的收缩或膨胀的影响；水泥混凝土路面相对平整，提供平稳的行车表面，有利于提高行车的舒适性。同时，低维护成本是水泥混凝土路面的显著特点，其维护需求较少，维护周期较长，尤其对于高交通量的道路，能显著降低维护成本。水泥混凝土路面在环保方面具有优势，作为可再生材料，其生产过程相对环保，有助于减小道路建设的环境影响。此外，水泥混凝土路面通常表现出较好的防滑性能，提供良好的附着力，有效降低了湿滑条件下车辆的打滑风险。在化学腐蚀方面，水泥混凝土路面表现出对一些化学物质的强大抗腐蚀性，能够抵御道路上可能存在的化学侵蚀。这些特性使水泥混凝土路面成为特定条件下理想的道路建设选择。

　　因此，在实际工程项目中确定水泥混凝土路面的构造深度、厚度以及平整度等关键参数是否符合相关工程领域的设计要求或质量标准，对评估水泥混凝土路面的整体质量及其安全性、耐久性具有重要意义。本章分别对水泥混凝土路面的构造深度、厚度以及平整度等关键项目的检测依据、详细检测步骤、数据计算方法等作出阐述，同时提供了各个参数对应的相关工程领域检测案例以及报告模板。

2.1　构造深度

　　构造深度的大小对车辆行驶的安全性和舒适性有很大影响。如果路面的构造深度较大，说明路面较粗糙，抗滑性能较好，可以提高车辆的行驶安全性和舒适性。相反，如果路面的构造深度较小，说明路面较光滑，抗滑性能较差，可能引发交通事故或影响驾驶员的驾驶体验。本节主要介绍水泥混凝土面层的构造深度检测方法，主要有：

　　（1）手工铺砂法。

　　（2）电动铺砂法。

　　（3）车载式激光构造深度仪法。

　　手工铺砂法与激光构造深度仪法是道路工程日常检测中最常见的构造深度检测方法，将在本节集中讲述。根据行业标准《城镇道路工程施工与质量验收规范》CJJ 1—2008 以及《公路工程质量检验评定标准　第一册　土建工程》JTG F80/1—2017 中的要求，水泥混凝土路面构造深度检测频率如表 2.1-1 所示。

水泥混凝土路面构造深度检测频率　　　表 2.1-1

序号	标准依据	路面类型	检测频率	备注
1	《城镇道路工程施工与质量验收规范》CJJ 1—2008	水泥混凝土路面	每1000m²抽检1点	
2	《公路工程质量检验评定标准 第一册 土建工程》JTG F80/1—2017	水泥混凝土路面	按双车道路段，每200m测1处，对于多车道公路，应按车道数与双车道之比相应增加检查数量	

对于水泥混凝土面层构造深度判定，行业标准《城镇道路工程施工与质量验收规范》CJJ 1—2008 中的要求如表 2.1-2 所示，行业标准《公路工程质量检验评定标准 第一册 土建工程》JTG F80/1—2017 中的要求如表 2.1-3 所示。

《城镇道路工程施工与质量验收规范》水泥混凝土面层构造深度判定　　表 2.1-2

序号	路面类型	规定值或允许偏差	备注
1	水泥混凝土面层	符合设计要求	

《公路工程质量检验评定标准 第一册 土建工程》构造深度判定　　表 2.1-3

序号	路面类型	路段类型	规定值或允许偏差/mm		备注
			高速公路 一级公路	其他公路	
1	水泥混凝土面层	一般路段	0.7～1.1	0.5～1.0	
2	水泥混凝土面层	特殊路段	0.8～1.2	0.6～1.1	
说明	特殊路段：高速公路、一级公路特殊路段，包括立体交叉匝道、平面交叉口、弯道、变速车道、组合坡度不小于3%路段、桥面、隧道路面及收费站广场等处；其他公路特殊路段，包括设超高路段、组合坡度大于或等于4%路段、交叉口路段、桥面及其上下坡段、隧道路面及集镇附近路段等处				

2.1.1　手工铺砂法

2.1.1.1　适用范围

本方法适用于测试无刻槽水泥混凝土路面构造深度，用以评定路面抗滑性能。

2.1.1.2　试验原理

与沥青路面构造深度相近，水泥路面的构造深度是指水泥路面开口空隙的平均深度，即宏观构造深度 TD，以 mm 计。将特定粒径的细砂铺在路面上，以嵌入凹凸不平的表面空隙中砂的体积与覆盖面积之比表征平均构造深度。

2.1.1.3　检测依据

构造深度检测应符合国家、行业、地方等标准以及建设单位、政府文件的相关规定要求。目前构造深度检测的依据主要有：

（1）行业标准《城镇道路工程施工与质量验收规范》CJJ 1—2008。

（2）行业标准《公路路基路面现场测试规程》JTG 3450—2019。

（3）行业标准《公路工程质量检验评定标准 第一册 土建工程》JTG F80/1—2017。

2.1.1.4 检测仪器及技术要求

本方法需要下列工具与材料。

1）手工砂铺仪，由量砂筒、推平板组成，具体技术要求如下：

（1）量砂筒，形状、尺寸如图 2.1-1 所示，一端是封闭的，容积为（25±0.15）mL，可通过称量砂筒中水的质量确定其容积 V，并调整其高度，使其容积符合规定要求。附专用的刮尺将筒口量砂刮平。

（2）推平板，形状尺寸如图 2.1-2 所示，推平板应为木制或铝制，直径 50mm，底面粘一层厚 1.5mm 的橡胶片，上面有一圆柱把手。

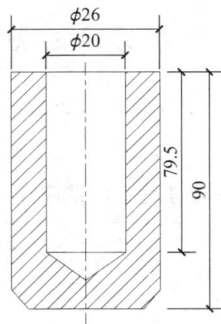
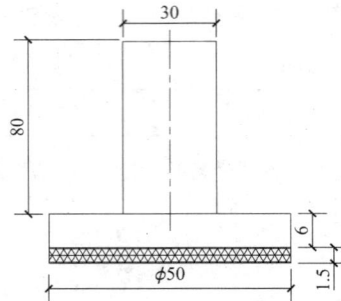

图 2.1-1　量砂筒　　　　图 2.1-2　推平板

2）量砂：足够数量的干燥洁净的匀质砂，粒径 0.15～0.30mm。
3）量尺：钢板尺或专用构造深度尺。
4）其他：装砂容器（小铲）、扫帚或毛刷、挡风板等。

2.1.1.5 检测步骤以及结果计算

手工铺砂法检测水泥混凝土路面构造深度值的检测步骤以及结果计算，参照本书 1.6 节沥青路面抗滑性能中手工铺砂法检测路面构造深度的相关内容。

2.1.1.6 检测案例分析

【案例】对某道路工程项目新建道路 A 桩号 K0＋040～K0＋220 段新建无刻槽水泥混凝土路面进行构造深度检测，现场为双向 2 车道，路宽 5m，构造深度设计值为 0.50～0.90mm，本次试验中采用手工铺砂法对待检路段 A 进行检测，测得摊铺直径如表 2.1-4 所示。

水泥混凝土路面构造深度检测数据　　　　　　　　　　　表 2.1-4

序号	测点位置	摊铺直径/mm		
		L1	L2	平均值
1		213	232	222
2	K0＋150 右幅	224	216	220
3		214	230	222

　　根据公式求得 3 点构造深度分别为 0.65mm、0.66mm、0.65mm，该 3 个点平均值 TD = (0.65 + 0.66 + 0.65)/3 ≈ 0.55mm，因 TD 在 0.50～0.90mm 区间，故本项目该段新建道路构造深度值符合设计要求。

2.1.1.7　检测报告

　　构造深度检测报告应符合行业标准《公路路基路面现场测试规程》JTG 3450—2019、行业标准《公路工程质量检验评定标准　第一册　土建工程》JTG F80/1—2017 的相关要求，试验报告应包括：

　　（1）测试路段信息（桩号、测试位置等）。

　　（2）构造深度。

　　（3）测试路段构造深度的平均值、标准差及变异系数。

　　参照上述检测案例，现场检测报告模板如表 2.1-5 所示。

路面构造深度试验检测报告（手工铺砂法）　　　　　　　　表 2.1-5

报告编号				
委托单位			工程名称	某道路工程项目
工程部位	新建道路 A			
样品信息	表面洁净、平整			
检测依据	JTG 3450—2019		判定依据	CJJ 1—2008、设计图纸
仪器设备及编号	手工铺砂仪/　　　　深度尺/			
设计/标准值/mm	0.50～0.90mm		试验日期	2024-01-03
检测里程	K0 + 040～K0 + 220			
委托编号			检测编号	
编号	测点位置	构造深度 TD/mm		
		单个值		平均值
1	K0 + 150 右幅	0.65		0.65
		0.66		
		0.65		
检测结果	统计点数	1	平均值/mm	
	保证率		标准差/mm	
	变异系数			
	结论	该检测段构造深度符合设计要求		

2.2 厚度

在路面工程中，各层的厚度是一个非常重要的指标，与道路整体强度密切相关，只有在保证厚度的情况下，路面的各层及整体的强度才能得到保证。严格控制各结构层的厚度，除了能保证强度外，还能对路面的标高起到一定的控制作用。工程实践中最常见的检测方法为钻芯测试路面厚度法，本节介绍这种方法。

2.2.1 钻芯测试路面厚度法

2.2.1.1 试验范围

钻芯法可测试路面结构层厚度，适用于沥青面层、水泥混凝土路面板和能够取出完整芯样的基层的厚度测试。

2.2.1.2 试验原理

钻芯法是利用专用钻机，从结构混凝土中钻取芯样以检测混凝土实际厚度、强度或观察混凝土内部质量的方法。由于它会对结构混凝土造成局部损伤，因此是一种半破损的现场检测手段。

2.2.1.3 检测依据及频率

1）检测依据

目前路面厚度检测的依据主要有：

（1）行业标准《城镇道路工程施工与质量验收规范》CJJ 1—2008。

（2）行业标准《公路路基路面现场测试规程》JTG 3450—2019。

（3）行业标准《公路工程质量检验评定标准 第一册 土建工程》JTG F80/1—2017。

2）检测频率

关于水泥混凝土路面厚度的检测频率，行业标准《城镇道路工程施工与质量验收规范》CJJ 1—2008 的要求如表 2.2-1 所示，在行业标准《公路工程质量检验评定标准 第一册 土建工程》JTG F80/1—2017 的要求如表 2.2-2 所示。

《城镇道路工程施工与质量验收规范》检测频率要求 　　　　表 2.2-1

序号	规定值或允许偏差	检测方法	检测频率
1	面层厚度应符合设计规定，允许偏差为±5mm	钻芯法	每 1000m² 抽测 1 点

《公路工程质量检验评定标准 第一册 土建工程》检测频率要求 　　　　表 2.2-2

序号	检查项目		高速公路 一级公路	其他公路	检测方法和频率
1	厚度/mm	代表值	−5		每 200m 测 2 点
		合格值	−10		
		极值	−15		

2.2.1.4　检测仪器及技术要求

（1）路面取芯机：手推式或车载式，配有淋水冷却装置。钻头的标准直径为 100mm，如芯样仅供测量厚度，不做其他试验，对沥青面层与水泥混凝土板也可用直径 50mm 的钻头，基层材料有可能损坏试件时，也可用直径 150mm 的钻头，但钻孔深度均须不小于层厚。

（2）量尺：钢直尺、游标卡尺，分度值不大于 1mm。

（3）其他：毛刷、直尺、棉纱等。

2.2.1.5　检测步骤

1）准备工作

（1）按本书附录 A 检测路段现场抽样选点方法确定钻芯取样的位置，如检测既有道路，应避开坑洞等显著缺陷或接缝位置。

（2）在选择的试验地点，选一块约 400mm×400mm 的平坦表面，用毛刷将其清扫干净。

2）测试步骤

（1）按行业标准《公路路基路面现场测试规程》JTG 3450—2019 中 T 0903 规定的取样步骤，用路面取芯机钻孔并取出芯样，钻孔深度应超过测试层的底面。水泥混凝土路面抽芯如图 2.2-1 所示。

图 2.2-1　水泥混凝土路面抽芯

（2）用钢直尺或游标卡尺在沿芯样圆周对称的十字方向测量表面至分界面的高度，共测四处，计算其平均值，即为该层的厚度 T_1，以 mm 计，精确至 1mm。

（3）清理干净坑中的残留物，用棉纱等吸干钻孔时留下的积水，待干燥后采用同类型材料填补压实。

（4）现场检测作业时填写原始记录表，如表 2.2-3 所示。

路面厚度检测现场记录表 表 2.2-3

记录编号							
工程名称							
工程部位							
样品信息							
试验检测日期				试验条件			
检测依据				判定依据			
仪器设备名称及编号		钻芯机/		钢直尺/			
检测里程							
委托编号				检测编号			
编号	测点位置	路面厚度值/mm				平均值/mm	差值/mm
		单个值					
备注							

2.2.1.6 结果计算

（1）按本书式(1.3-1)计算实测厚度 T_{1i} 与设计厚度 T_{0i} 之差。

（2）按本书附录 B 检测路段数据统计方法，计算一个测试路段厚度的平均值、标准差，并计算厚度代表值。

2.2.1.7 检测报告

水泥混凝土厚度检测的正式报告应符合行业标准《城镇道路工程施工与质量验收规范》CJJ 1—2008、行业标准《公路路基路面现场测试规程》JTG 3450—2019、行业标准《公路工程质量检验评定标准 第一册 土建工程》JTG F80/1—2017 的相关要求，检测报告的主要内容包括：

（1）现场测试位置信息（桩号、路面结构层类型等）。

（2）各测试位置的路面厚度实测值和设计值、路面厚度偏差。

（3）测试路段厚度的平均值、标准差、代表值。

现场检测报告模板如表 2.2-4 所示。

路基路面厚度试验检测报告（钻芯法）　　　　　表 2.2-4

委托单位		工程名称	
工程部位			
样品信息			
检测依据		判定依据	
仪器名称及编号		钻芯机/　　　　钢直尺/	
设计/标准值/mm		试验日期	
检测里程			
委托编号		检测编号	

编号	测点位置	路面厚度/mm	差值/mm	编号	测点位置	路面厚度/mm	差值/mm

检测结果	统计点数		保证率		变异系数	
	平均值/mm		标准差/mm		代表值/mm	
	结论					

2.3 平整度

与沥青路面相同，平整度也是评定水泥混凝土的路面质量的主要技术指标之一，它关系到行车的安全、舒适以及路面所受冲击力的大小和使用寿命，不平整的路面会增大行车阻力，并使车辆产生附加的振动作用。这种振动作用会造成行车颠簸，影响行车的速度和安全，影响驾驶的平稳和乘客的舒适度。同时，振动作用还会产生对路面的冲击力，从而加剧路面和汽车机件的损坏和轮胎的磨损，并增大油料的消耗。

跟沥青路面相同，水泥混凝土路面平整度的测试设备同样分为断面类及反应类两大类。断面类实际上是测定路面表面凹凸情况的，如最常用的3m直尺及连续式平整度仪，还可精确测定高程得到；反应类测定路面凹凸引起车辆振动的颠簸情况。反应类指标是司机和乘客直接感受到的平整度指标，因此它实际上是舒适性能指标，国际上通常采用国际平整度指数IRI衡量路面行驶舒适性或路面行驶质量，可通过标定试验得出IRI与标准差σ之间的关系。

水泥混凝土路面平整度的测试方法主要分为：

（1）三米直尺法。

（2）连续式平整度仪法。

（3）车载式激光平整度仪法。

（4）车载式颠簸累积仪法。

（5）手推式断面仪法。

三米直尺法、连续式平整度仪法和车载式激光平整度仪法是道路工程日常检测中最常见的平整度检测方法，本节介绍这些方法。

关于水泥混凝土路面平整度的检测频率，行业标准《城镇道路工程施工与质量验收规范》CJJ 1—2008 的要求如表 2.3-1 所示，在行业标准《公路工程质量检验评定标准 第一册 土建工程》JTG F80/1—2017 的要求如表 2.3-2 所示。

《城镇道路工程施工与质量验收规范》的检测频率要求　　　　表 2.3-1

序号	检测项目	规定值或允许偏差/mm		检测方法	检测频率		
					范围	点数	检测方法
1	标准差σ	快速路、主干道	≤1.2	连续式平整度仪	100m	1	测平仪
		次干道、支路	≤2				
2	最大间隙值δ_m	次干道、支路	≤5	三米直尺	20m	1	三米直尺
备注		（1）连续平整度仪为全线每车道连续检测每 100m 计算标准差σ，表中检测频率点数为测线数 （2）当使用三米直尺进行检测时，应连续测量 2 尺，取较大值					

《公路工程质量检验评定标准 第一册 土建工程》的检测频率要求　　　　表 2.3-2

序号	检查项目	规定值或允许偏差		检测方法	检测频率
		高速公路 一级公路	其他公路		
1	最大间隙值δ_m/mm	3	5	三米直尺	每200m测2处×10尺

续表

序号	检查项目	规定值或允许偏差		检测方法	检测频率
		高速公路 一级公路	其他公路		
2	IRI/（m/km）	≤2.2	≤3.3	激光平整度仪	全线每车道连续检测，每 100m 计算 IRI 以及σ
3	σ/mm	≤1.32	≤2.0	连续平整度仪	
备注		无			

2.3.1　三米直尺法

2.3.1.1　检测范围

用三米直尺检测路表与三米直尺基准面的最大间隙δ_m，用以表征路表平整度，适用于碾压成型后的路基路面各层表面，包括水泥混凝土路面的平整度测试。

2.3.1.2　检测依据

目前三米直尺法检测水泥混凝土路面平整度的依据主要有：

（1）行业标准《城镇道路工程施工与质量验收规范》CJJ 1—2008。

（2）行业标准《公路路基路面现场测试规程》JTG 3450—2019。

（3）行业标准《公路工程质量检验评定标准　第一册　土建工程》JTG F80/1—2017。

（4）行业标准《公路水泥混凝土路面设计规范》JTG D50—2017。

2.3.1.3　检测仪器及技术要求

三米直尺的检测需要下列仪器与工具。

（1）三米直尺：测量基准面长度为 3m，基准面应平直，用硬木或铝合金等材料制成。

（2）楔形塞尺：硬木或金属制的三角形塞尺，有手柄。塞尺的长度与高度之比不小于 10，宽度不大于 15mm，侧面有高度标记，分度值不大于 0.5mm。

（3）深度尺：金属制的深度测量尺，有手柄。深度尺测量杆端头直径不小于 10mm，分度值不大于 0.5mm。

（4）其他：皮尺或钢尺等。

2.3.1.4　检测步骤以及结果计算

三米直尺检测水泥混凝土路面的最大间隙值的检测步骤以及结果计算参照本书第 1.4.1 节沥青路面的相关内容。

2.3.1.5　检测案例分析

【案例】对某道路工程项目新建道路 C 桩号 K0＋000～K0＋200 段水泥混凝土路面面层进行平整度检测，现场为双向 2 车道，道路等级为次干道，车道宽度为 3.50m，现场路面总宽度为 8.50m，检测标准参考《城镇道路工程施工与质量验收规范》CJJ 1—2008。本次试验采用三米直尺法对待检路段 C 进行检测，平整度的标准技术要求为最大间隙值

$\delta_m \leqslant 5mm$。

（1）现场数据记录

现场三米直尺法检测的数据记录如表 2.3-3 所示。

现场平整度间隙值记录　　　　　　　　表 2.3-3

编号	测点位置	每尺读数/mm	
		第1尺	第2尺
1	右幅 K0 + 000	3.0	2.0
2	右幅 K0 + 040	2.5	1.5
3	右幅 K0 + 060	3.0	2.5
4	右幅 K0 + 080	2.5	2.0
5	右幅 K0 + 100	1.0	1.0
6	右幅 K0 + 120	1.5	2.0
7	右幅 K0 + 140	2.0	1.0
8	右幅 K0 + 160	1.5	1.0
9	右幅 K0 + 180	3.0	2.0
10	右幅 K0 + 200	2.0	1.0
11	左幅 K0 + 200	1.0	1.0
12	左幅 K0 + 180	1.5	2.0
13	左幅 K0 + 160	1.5	1.0
14	左幅 K0 + 140	2.0	1.0
15	左幅 K0 + 120	3.0	2.0
16	左幅 K0 + 100	2.5	2.0
17	左幅 K0 + 080	1.0	1.0
18	左幅 K0 + 060	1.0	1.0
19	左幅 K0 + 040	1.0	1.0
20	左幅 K0 + 020	2.0	2.0

（2）计算最大间隙值 δ_m

统计现场各处平整度间隙值检测数据，以两尺测量结果之间最大间隙 δ_m 为测试结果，如表 2.3-4 所示。

现场平整度间隙值数据处理　　　　　　　　表 2.3-4

编号	测点位置	最大间隙/mm		
		第1尺	第2尺	最大值
1	右幅 K0 + 000	3.0	2.0	3.0
2	右幅 K0 + 040	2.5	1.5	2.5

续表

编号	测点位置	最大间隙/mm		
		第 1 尺	第 2 尺	最大值
3	右幅 K0 + 060	3.0	2.5	3.0
4	右幅 K0 + 080	2.5	2.0	2.5
5	右幅 K0 + 100	1.0	1.0	1.0
6	右幅 K0 + 120	1.5	2.0	2.0
7	右幅 K0 + 140	2.0	1.0	2.0
8	右幅 K0 + 160	1.5	1.0	1.5
9	右幅 K0 + 180	3.0	2.0	3.0
10	右幅 K0 + 200	2.0	1.0	2.0
11	左幅 K0 + 200	1.0	1.0	1.0
12	左幅 K0 + 180	1.5	2.0	2.0
13	左幅 K0 + 160	1.5	1.0	1.5
14	左幅 K0 + 140	2.0	1.0	2.0
15	左幅 K0 + 120	3.0	2.0	3.0
16	左幅 K0 + 100	2.5	2.0	2.5
17	左幅 K0 + 080	1.0	1.0	1.0
18	左幅 K0 + 060	1.0	1.0	1.0
19	左幅 K0 + 040	1.0	1.0	1.0
20	左幅 K0 + 020	2.0	2.0	2.0

　　现场检测 20 处，所有部位平整度最大间隙值均不大于 5mm，由于本工程项目检测参考《城镇道路工程施工与质量验收规范》CJJ 1—2008，对均值、不合格尺数及合格率不作要求，故本项目新建道路 C 桩号 K0 + 000～K0 + 200 段平整度共检测 20 处，全部检测符合设计要求。

2.3.1.6　检测报告

　　平整度检测的检测报告应符合规范行业标准《城镇道路工程施工与质量验收规范》CJJ 1—2008、《公路路基路面现场测试规程》JTG 3450—2019、《公路工程质量检验评定标准 第一册 土建工程》JTG F80/1—2017 的相关要求，检测报告的主要内容包括：

　　（1）测试位置信息（桩号、测试方式等）。

　　（2）最大间隙 δ_m。

　　（3）当按照行业标准《公路工程质量检验评定标准 第一册 土建工程》JTG F80/1—2017 相关要求连续测试 10 尺时，还应包括平均值、不合格尺数及合格率。

　　参照上述工程实例，现场检测报告模板如表 2.3-5 所示。

路基路面平整度试验检测报告（三米直尺法）　　　　　表 2.3-5

施工/委托单位	—		工程名称	某道路工程项目
工程部位/用途	新建道路C			
样品信息	表面洁净平整			
检测依据	JTG 3450—2019		判定依据	CJJ 1—2008
仪器名称及编号	三米直尺/	楔形塞尺/		钢直尺/
设计/标准值/mm	≤5mm		试验日期	2024-01-03
检测里程	K0＋000～K0＋200			
委托编号	—		检测编号	—

编号	测点位置	最大间隙值/mm		
		第1尺	第2尺	最大值
1	右幅 K0＋000	3.0	2.0	3.0
2	右幅 K0＋040	2.5	1.5	2.5
3	右幅 K0＋060	3.0	2.5	3.0
4	右幅 K0＋080	2.5	2.0	2.5
5	右幅 K0＋100	1.0	1.0	1.0
6	右幅 K0＋120	1.5	2.0	2.0
7	右幅 K0＋140	2.0	1.0	2.0
8	右幅 K0＋160	1.5	1.0	1.5
9	右幅 K0＋180	3.0	2.0	3.0
10	右幅 K0＋200	2.0	1.0	2.0
11	左幅 K0＋200	1.0	1.0	1.0
12	左幅 K0＋180	1.5	2.0	2.0
13	左幅 K0＋160	1.5	1.0	1.5
14	左幅 K0＋140	2.0	1.0	2.0
15	左幅 K0＋120	3.0	2.0	3.0
16	左幅 K0＋100	2.5	2.0	2.5
17	左幅 K0＋080	1.0	1.0	1.0
18	左幅 K0＋060	1.0	1.0	1.0
19	左幅 K0＋040	1.0	1.0	1.0
20	左幅 K0＋020	2.0	2.0	2.0
检测结果	本次共检测20处，全部符合设计要求			

2.3.2　连续式平整度仪法

2.3.2.1　检测范围

本方法适用于测试水泥混凝土路面纵向相对高程的标准差σ，用以表征路面的平整度，但不适用于已有较多坑槽、破损严重的路面。

2.3.2.2　检测依据

目前，连续式平整度仪检测水泥路面平整度的依据主要有：

（1）行业标准《城镇道路工程施工与质量验收规范》CJJ 1—2008。

（2）行业标准《公路路基路面现场测试规程》JTG 3450—2019。

（3）行业标准《公路工程质量检验评定标准 第一册 土建工程》JTG F80/1—2017。

（4）行业标准《公路水泥混凝土路面设计规范》JTG D50—2017。

2.3.2.3　检测仪器及技术要求

采用连续式平整度仪检测需要下列仪器与工具：

（1）连续式平整度仪整体结构，除特殊情况外，连续式平整度仪的标准长度为3m；中间为一个3m长的机架，机架可缩短或折叠，前后各4个行走轮，前后两组轮的轴间距离为3m。

（2）地面高差测量传感器，安装在机架中间，可以是能起落的测定轮，或激光测距仪。

（3）其他辅助机构，连续式平整度仪的辅助机构有蓄电池电源，距离传感器，与数据采集、处理、存储、输出部分配套的采集控制箱及打印机等。

（4）测试间距为100mm，每一计算区间的长度为100m，每区间输出一次结果。

（5）可记录测试长度（m）、曲线振幅大于某一定值（如3mm、5mm、8mm、10mm等）的次数、曲线振幅的单句（凸起或凹下）累计值及以3m机架为基准的中点路面偏差曲线图，并打印。

（6）机架装有一牵引钩及手拉柄，可用人力或汽车牵引。

（7）牵引车：小面包车或其他小型牵引汽车。

（8）皮尺或测绳。

2.3.2.4　检测步骤以及结果计算

用连续式平整度仪检测水泥混凝土路面凹凸偏差位移值的标准差σ的检测步骤以及结果计算，参照本书1.4节相关内容。

2.3.2.5　检测案例分析

【案例】对某道路工程项目新建道路C桩号K0＋000～K0＋500段水泥混凝土路面面层进行平整度检测，道路等级：次干路，现场为双向2车道，检测长度为500m。本次试验中采用连续式平整度仪法对待检路段C进行检测。

（1）基本信息

现场连续式平整度仪检测路段 C 各个区间的标准差σ如表 2.3-6 所示。

现场连续式平整度区间标准差值 表 2.3-6

序号	桩号及车道	σ/mm
1	左幅第一车道 K0 + 000～K0 + 100	1.65
2	左幅第一车道 K0 + 100～K0 + 200	1.46
3	左幅第一车道 K0 + 200～K0 + 300	1.55
4	左幅第一车道 K0 + 300～K0 + 400	1.52
5	左幅第一车道 K0 + 400～K0 + 500	1.43
备注	该区间内采集的位移值d_i已经通过仪器数据处理生成其标准差σ_i，直接输出并打印原始数据，无需再另外计算	

（2）计算相关数据

统计现场各个区间平整度检测数据，得到表 2.3-7。

现场连续式平整度区间标准差数据处理 表 2.3-7

序号	桩号及车道			σ/mm	
1	左幅第一车道 K0 + 000～K0 + 100			1.65	
2	左幅第一车道 K0 + 100～K0 + 200			1.46	
3	左幅第一车道 K0 + 200～K0 + 300			1.55	
4	左幅第一车道 K0 + 300～K0 + 400			1.52	
5	左幅第一车道 K0 + 400～K0 + 500			1.43	
区间数	5	合格率	100%	平均值	1.52
合格区间数	5	标准差/mm	0.14	变异系数	0.16

综上可得，新建道路 C 桩号 K0 + 000～K0 + 500 段检测统计区间共 5 个，合格区间 5 个，合格率为 100%，标准差σ为 0.14mm，平均值为 1.52mm。根据行业标准《城镇道路工程施工与质量验收规范》CJJ 1—2008，由于该段道路为次干路，平整度规定值为标准差$\sigma \leqslant$ 2.00mm，故本项目新建道路 C 桩号 K0 + 000～K0 + 500 段平整度检测符合设计要求。

2.3.2.6 检测报告

平整度检测的正式报告应符合规范行业标准《城镇道路工程施工与质量验收规范》CJJ 1—2008、《公路路基路面现场测试规程》JTG 3450—2019、《公路工程质量检验评定标准 第一册 土建工程》JTG F80/1—2017 的相关要求，检测报告的主要内容包括：

（1）测试路段信息（桩号、长度等）。

（2）计算区间长度、测试间距及平整度。

（3）测试路段平整度的平均值、标准差及变异系数。

参照上述检测案例，现场检测报告模板如表 2.3-8 所示。

路面平整度（连续平整度仪）试验检测报告 表 2.3-8

委托单位			工程名称		某道路工程项目
工程部位/用途		K0＋000～K0＋500 水泥混凝土路面面层			
道路等级		次干道	样品信息		表面干燥、洁净、平整
检测依据		JTG 3450—2019	判定依据		CJJ 1—2008、设计图纸
设备及编号					
设计/标准值		2.0mm	试验日期		2024-01-03
检测里程		K0＋000～K0＋500			
委托编号			检测编号		
起止桩号及车道		平整度标准差/mm	起止桩号及车道		平整度标准差/mm
左幅第一车道 K0＋000～K0＋100		1.65			
左幅第一车道 K0＋100～K0＋200		1.46			
左幅第一车道 K0＋200～K0＋300		1.55			
左幅第一车道 K0＋300～K0＋400		1.52			
左幅第一车道 K0＋400～K0＋500		1.43			
试验结果	区间数	5	合格率	100%	平均值	1.52
	合格区间数	5	标准差/mm	0.14	变异系数	0.16
	结论	该路段水泥混凝土路面所测平整度值满足设计图纸要求				

2.3.3 车载式激光平整度仪法

2.3.3.1 检测范围

相较于传统断面类设备，车载式激光平整度仪采集的数据更接近实际路面行驶，通过利用激光束进行测量，实现对路面高程变化的极高精度测量，能够捕捉并记录微小的路面特征，并能运用非接触性的激光测量原理，规避与路面直接接触的问题，实现测量误差最小化。车载式激光平整度仪法适用于无严重坑槽、车辙等病害且无积水、无冰雪、无泥浆的正常通车条件的水泥混凝土路面。

2.3.3.2 检测依据

目前车载式激光平整度仪法检测路面平整度的依据主要有：
（1）行业标准《城镇道路工程施工与质量验收规范》CJJ 1—2008。
（2）行业标准《公路路基路面现场测试规程》JTG 3450—2019。
（3）行业标准《公路工程质量检验评定标准 第一册 土建工程》JTG F80/1—2017。
（4）行业标准《公路水泥混凝土路面设计规范》JTG D50—2017。

2.3.3.3 检测仪器及技术要求

车载式激光平整度仪（以下简称激光平整度仪）由承载车、距离传感器、纵断面高程传感器和主控制系统组成，如图 2.3-1 所示，基本技术参数的要求如下：

（1）测试速度：30～100km/h。

（2）采样间隔：≤500mm。

（3）传感器测试精度：1.0mm。

（4）距离标定误差：≤0.05%。

图 2.3-1 激光平整度仪检测水泥混凝土 IRI 值示意图

2.3.3.4 检测步骤及结果计算

激光平整度仪检测水泥混凝土 IRI 值的检测步骤以及结果计算，参照本书 1.4 节相关内容。

2.3.3.5 检测案例分析

【案例】对某道路工程项目新建道路 C 桩号 K0＋000～K0＋500 段水泥混凝土面层进行平整度检测，平整度设计要求为 IRI≤3.3m/km，现场为双向 2 车道，检测长度为 500m。本次试验中采用车载式激光平整度仪法对待检路段 C 进行检测。

激光平整度仪检测路段 C 各个区间平整度测试值如表 2.3-9 所示。

现场激光平整度区间测试值　　　　　　　　　　　　　　　表 2.3-9

开始桩号	结束桩号	左 IRI/（m/km）	右 IRI/（m/km）	代表 IRI/（m/km）
K0＋000	K0＋100	2.47	3.04	2.57
K0＋100	K0＋200	1.87	3.24	2.38
K0＋200	K0＋300	2.24	3.14	2.58
K0＋300	K0＋400	1.55	2.52	1.87
K0＋400	K0＋500	2.14	3.12	2.45

计算并统计现场各个区间平整度检测数据，如表 2.3-10 所示。

现场激光平整度路段测试值　　　　　　　　　　　　　　　表 2.3-10

开始桩号	结束桩号	左 IRI/（m/km）	右 IRI/（m/km）	代表 IRI/（m/km）
K0＋000	K0＋500	1.98	2.68	2.37

现场检测统计区间共 5 个，合格区间 5 个，合格率为 100%，路段代表值为 2.37m/km，由于该段道路设计值为 IRI ≤ 3.3m/km，故本项目新建道路 C 桩号 K0 + 0C0～K0 + 500 段平整度值符合设计要求。

2.3.3.6 检测报告

平整度检测报告应符合行业标准《城镇道路工程施工与质量验收规范》CJJ 1—2008、《公路路基路面现场测试规程》JTG 3450—2019、《公路工程质量检验评定标准 第一册 土建工程》JTG F80/1—2017 相关要求，检测报告的主要内容包括：

（1）测试路段信息（桩号、长度等）。

（2）国际平整度指数（IRI）值。

（3）若进行相关性试验，还应报告相关性关系式及相关系数。其中相关系数计算参照 1.4 节相关内容。

第 3 章

基层及底基层

在道路工程结构层的建设过程中，作为系统性工程的重要承载部分，基层与底基层位于面层与路基顶面之间，承受由面层传递来的垂直荷载作用（图 3.0-1），因此其施工质量水平对整体项目的安全性以及稳定性有着至关重要的影响。而在各等级道路的快速发展下，采用水稳材料进行铺筑的基层及底基层已经成为路面结构中一种良好的基层结构形式，应用相对广泛，因此本章中将以水稳材料的基层与底基层结构作为范例，分别对水稳基层与底基层的厚度、压实度、弯沉以及平整度等道路工程中关键项目的检测依据、检测过程详细步骤、数据计算方法等作出阐述，并提供各个检测项目对应的相关工程领域检测案例以及对应检测报告示例。

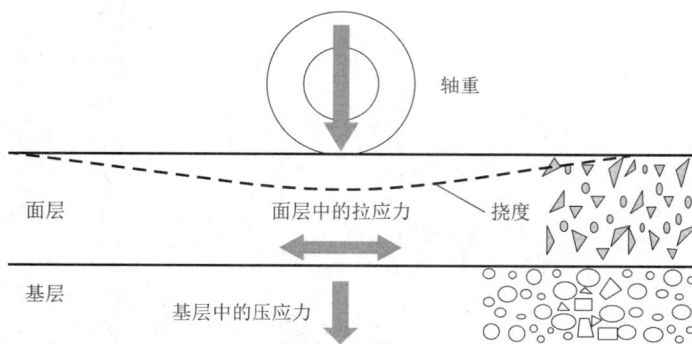

图 3.0-1　路面结构基层及底基层在负荷作用下受力示意图

3.1　厚度

在道路工程中，基层及底基层是一种常见的道路基层结构，需要进行一系列的检测以确保其质量和稳定性。根据行业标准《城镇道路工程施工与质量验收规范》CJJ 1—2008 中的相关规定，基层及底基层的厚度是常见参数以及关键参数，同时也是道路工程竣工验收的主要依据之一。而在工程实践中，最常见的基层与底基层的厚度检测方法为挖坑法和钻芯法，本节将介绍这两种方法。

3.1.1　挖坑法和钻芯法检测路面厚度

3.1.1.1　试验范围

挖坑法适用于基层或砂石路面的厚度测试，钻芯法适用于沥青面层、水泥混凝土路面板以及能够取出完整芯样的基层的厚度测试。

3.1.1.2　检测依据及频率

1）检测依据

目前基层及底基层厚度检测的依据主要有：

（1）行业标准《城镇道路工程施工与质量验收规范》CJJ 1—2008。

（2）行业标准《公路路基路面现场测试规程》JTG 3450—2019。

（3）行业标准《公路工程质量检验评定标准　第一册　土建工程》JTG F80/1—2017。

2）检测频率

关于基层和底基层的检测频率，行业标准《城镇道路工程施工与质量验收规范》CJJ 1—2008 中的要求如表 3.1-1 所示，行业标准《公路工程质量检验评定标准　第一册　土建工程》JTG F80/1—2017 中的要求如表 3.1-2 所示。

《城镇道路工程施工与质量验收规范》检测频率要求　　表 3.1-1

序号	规定值或允许偏差	检测方法	检测频率
1	面层厚度应符合设计规定，允许偏差为±10mm	挖坑/钻芯法	每1000m² 测 1 点

《公路工程质量检验评定标准　第一册　土建工程》检测频率要求　　表 3.1-2

厚度	规定值或允许偏差/mm				检测频率
	基层		底基层		
	高速公路一级公路	其他公路	高速公路一级公路	其他公路	
代表值	—	−10	−10	−12	每200m 测 2 点
合格值	—	−20	−25	−30	

3.1.1.3　检测仪器及技术要求

（1）挖坑法用镐、铲、凿子、锤子、小铲、毛刷。

（2）路面取芯机：手推式或车载式，配有淋水冷却装置。钻头的标准直径为 100mm，如基层材料有可能损坏试件时，也可用直径 150mm 的钻头，但钻孔深度均必须达到层厚。

（3）量尺：钢直尺、游标卡尺，分度值不大于 1mm。

（4）其他：毛刷、直尺、搪瓷盘、棉纱等。

3.1.1.4　检测步骤

1）准备工作

（1）按本书附录 A 检测路段数据统计方法确定钻芯取样的位置。

（2）在选择的试验地点，选一块约 400mm×400mm 的平坦表面，用毛刷清扫干净。

2）测试步骤

（1）挖坑法

①根据材料坚硬程度，选择适合的工具（镐、铲、凿子等），开挖该层材料，直至层底面，在便于开挖的前提下，开挖面积应尽量缩小，坑洞大体呈圆形，边开挖边将材料铲出，置于搪瓷盘中。

②用毛刷清扫坑底，确认已开挖至下一层的顶面。

③将直尺平放，横跨坑的两边，在坑的中间将钢直尺垂直伸至坑底，见图 3.1-1，测量坑底至直尺下缘的距离，即为测试层的厚度T_1，以 mm 计，精确至 1mm。

④现场检测作业时填写原始记录表，如表 3.1-3 所示。

（2）钻芯法

①用路面取芯机钻孔并取出芯样，钻孔深度应超过测试层的底面，见图 3.1-2。

②取出完整芯样，找出与下层的分界面。

③用钢直尺或游标卡尺在沿芯样圆周对称的十字方向测量表面至分界面的高度，共测四处，计算其平均值，即为该层的厚度T_1，以 mm 计，精确至 1mm。

④清理干净坑中的残留物，用棉纱等吸干钻孔时留下的积水，待干燥后采用同类型材料填补压实。

⑤现场检测作业时填写原始记录表，如表 3.1-3 所示。

图 3.1-1　挖坑法检测基层及底基层厚度

图 3.1-2　钻芯法检测基层及底基层厚度

路面厚度（钻芯法、挖坑法）检测现场记录表　　表 3.1-3

记录编号							
工程名称							
工程部位							
样品信息							
试验检测日期					试验条件		
检测依据					判定依据		
仪器设备名称及编号		钻芯机/		钢直尺/			
检测里程							
委托编号					检测编号		

编号	测点位置	路面厚度值/mm			平均值/mm	差值/mm
		单个值				
备注						

3.1.1.5　结果计算

（1）按本书式(1.3-1)计算实测厚度 T_{1i} 与设计厚度 T_{0i} 之差。

（2）按本书附录 B 检测路段数据统计方法计算测试路段厚度的平均值、标准差，并计算厚度代表值。

3.1.1.6　检测报告

基层和底基层厚度检测报告应符合行业标准《城镇道路工程施工与质量验收规范》CJJ 1—2008、《公路路基路面现场测试规程》JTG 3450—2019、《公路工程质量检验评定标准 第一册　土建工程》JTG F80/1—2017 的相关要求，检测报告的主要内容包括：

（1）现场测试位置信息（桩号、路面结构层类型等）。

（2）各测试位置的路面厚度实测值和设计值、路面厚度偏差。

（3）测试路段厚度的平均值、标准差、代表值。

现场检测报告模板如表 3.1-4 所示。

路面厚度试验检测报告（挖坑及钻芯法） 表 3.1-4

委托单位			工程名称		
工程部位					
样品信息					
检测依据			判定依据		
仪器名称及编号		钻芯机/		钢直尺/	
设计/标准值/mm			试验日期		
检测里程					
委托编号			检测编号		
编号	测点位置	路面厚度/mm	差值/mm	编号	测点位置	路面厚度/mm	差值/mm
检测结果	统计点数		保证率		变异系数	
	平均值/mm		标准差/mm		代表值/mm	
	结论					

3.2 压实度

压实度是评价水稳基层压实质量的重要指标。通过对稳定层反复进行压实，测量压实前后的体积变化，计算压实度值。压实度值越高，说明水稳基层的压实质量越好，具有更高的抗变形能力和承载能力。在工程实践中最常见的检测方法为挖坑灌砂测试压实度法，本节介绍这种方法。

3.2.1 挖坑灌砂测试压实度法

3.2.1.1 试验范围

本方法适用于现场测试基层或底基层、砂石路面及路基结构的压实度，以判断结构层的压实质量。不适用于填石路堤等有大孔洞或大空隙的结构压实度测试。

3.2.1.2 试验原理

灌砂法基本原理是使粒径 0.30～0.60mm 或 0.25～0.50mm 清洁干净的均匀砂，从一定高度自由下落到试洞内，由于其密度已知，可算得试洞的容积（即用标准砂来置换试洞中的集料），并根据集料含水量来推算出试样的实测干密度。

3.2.1.3　检测依据及频率

1）检测依据

目前基层和底基层压实度检测的依据主要有：

（1）行业标准《城镇道路工程施工与质量验收规范》CJJ 1—2008。

（2）行业标准《公路路基路面现场测试规程》JTG 3450—2019。

（3）行业标准《公路工程质量检验评定标准　第一册　土建工程》JTG F80/1—2017。

2）检测频率

关于基层和底基层压实度的检测频率，行业标准《城镇道路工程施工与质量验收规范》CJJ 1—2008 中的要求如表 3.2-1 所示，行业标准《公路工程质量检验评定标准　第一册　土建工程》JTG F80/1—2017 中的要求如表 3.2-2 所示。

《城镇道路工程施工与质量验收规范》检测频率要求　　　　　表 3.2-1

序号	规定值或允许偏差	检测方法	检测频率
1	城市快速路、主干路基层大于或等于 97%，底基层大于或等于 95%； 其他等级道路基层大于或等于 95%，底基层大于或等于 93%	灌砂法	每 1000m² 测 1 点

《公路工程质量检验评定标准　第一册　土建工程》检测频率要求　　　　表 3.2-2

压实度	规定值或允许偏差				检测频率
	基层		底基层		
	高速公路 一级公路	其他公路	高速公路 一级公路	其他公路	
代表值	—	≥95%	≥95%	≥93%	每 200m 测 2 点
极值	—	≥91%	≥91%	≥89%	

3.2.1.4　检测仪器及技术要求

挖坑灌砂测试压实度依据的检测规范不同，所采用的检测设备以及检测步骤就不同，本章主要介绍行业标准《公路路基路面现场测试规程》JTG 3450—2019 中提及的仪器技术要求以及方法步骤。国家标准《土工试验方法标准》GB/T 50123—2019 中挖坑灌砂测试压实度的相关仪器技术要求以及方法步骤详见本书第 5.2.1 节相关内容。

灌砂设备：灌砂设备包括灌砂筒、标定罐和基板。

（1）灌砂筒：金属材质，形式和主要尺寸见图 3.2-1，并应符合表 3.2-3 的规定。灌砂筒上部为储砂筒，下部为圆锥体漏斗，筒底与漏斗顶端铁板之间设开关。

（2）标定罐：金属材质，上端有罐缘，形式和主要尺寸见图 3.2-1，并应符合表 3.2-3 的规定。

（3）基板：金属材质的方盘，盘中心有一圆孔，主要尺寸应符合表 3.2-3 的规定。

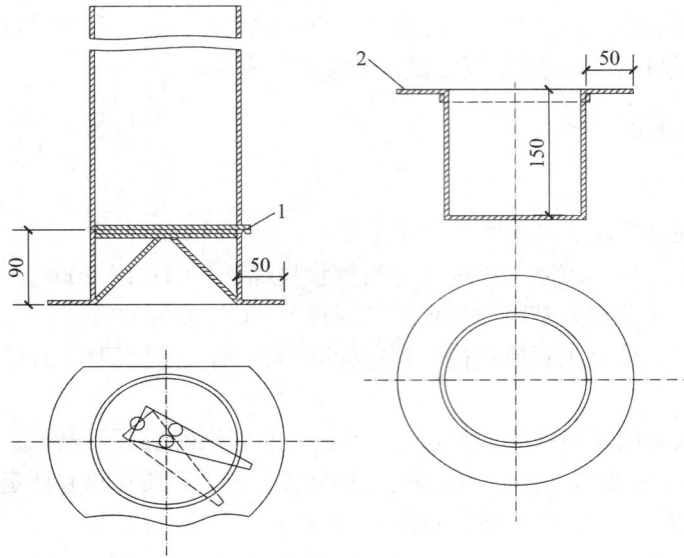

图 3.2-1　灌砂筒和标定罐
1—开关；2—罐缘

灌砂设备的主要尺寸要求　　　　　　　　　　　　　　　表 3.2-3

灌砂设备类型			小型灌砂设备	中型灌砂设备	大型灌砂设备
灌砂筒	储砂筒	直径/mm	100	150	200
		容积/cm³	2121	4771	8482
	流砂孔	直径/mm	10	15	20
标定罐	金属标定罐	内径/mm	100	150	200
		外径/mm	150	200	250
基板	金属方盘基板	边长/mm	350	400	450
		深/mm	40	50	60
	中孔	直径/mm	100	150	200
	板厚	厚/mm	≥1.0（铁）	≥1.0（铁）	≥1.0（铁）
			≥1.2（铝合金）	≥1.2（铝合金）	≥1.2（铝合金）
备注			储砂筒的容积可根据检测层厚度适当调整，其他指标不变，以保证灌砂过程连续		

灌砂筒的选择：在测试前，应根据填料粒径及测试层厚度选择不同尺寸的灌砂筒，并应符合表 3.2-4 的规定。

灌砂筒类型　　　　　　　　　　　　　　　表 3.2-4

灌砂筒直径/mm	填料最大粒径/mm	适宜的测试层厚度/mm
100	< 13.2	≤ 150
150	< 31.5	≤ 200
200	< 63	≤ 300

灌砂筒直径/mm	填料最大粒径/mm	适宜的测试层厚度/mm
≥ 250	≤ 100	≤ 400
备注	*路基填料最大粒径超过 100mm 的，应采用其他方法测试压实度；当挖坑过程中存在超过规范规定粒径 10% 的填料时应另在附近选点重做。试验过程中若发现储砂筒内砂不足以填满试坑，说明灌砂筒尺寸过小，应选择较大尺寸的灌砂筒重新试验，而不应在试验过程中添加量砂	

（4）玻璃板：边长约 500～600mm 的方形板。

（5）试样盘和铝盒：小筒挖出的试样可用铝盒存放，大筒挖出的试样可用 300mm×500mm×40mm 的搪瓷试样盘存放。

（6）电子秤：分度值不大于 1g。

（7）电子天平：用于含水率测量时，对细粒土、中粒土、粗粒土的分度值宜分别为 0.01g、0.1g、1.0g。

（8）含水率测试设备：如铝盒、烘箱、微波炉等。

（9）量砂：粒径 0.3～0.6mm 清洁干燥的砂，约 20～40kg。使用前须洗净、烘干、筛分至符合要求并放置 24h 以上，使其与空气的湿度达到平衡。

（10）盛砂的容器：塑料桶等。

（11）温度计：分度值不大于 1℃。

（12）其他：凿子、改锥、铁锤、长把勺、长把小簸箕、毛刷等。

3.2.1.5 检测步骤

1）准备工作

（1）按照有关标准和规程对结构层填料进行击实试验，得到最大干密度。

（2）按表 3.2-3 的规定选用灌砂设备。

（3）标定灌砂设备下部圆锥体内砂的质量，如图 3.2-2 所示。

图 3.2-2 标定灌砂设备下部圆锥体内砂的质量

①向储砂筒内装砂至砂顶面距筒顶（15±5）mm。称取装入筒内砂的质量 m_1，精确至 1g。以后每次标定及试验都应该维持装砂高度与质量不变。

②打开开关，让砂自由流出，并使流出砂的体积与标定罐的容积相当（或等于工地所挖试坑的体积），然后关闭开关。

113

③不晃动储砂筒，轻轻地将灌砂筒移至玻璃板上，打开开关，让砂流出，直到筒内砂不再下落时，关闭开关，取走灌砂筒。

④称量留在玻璃板上的砂或储砂筒内砂的质量，精确至1g。玻璃板上砂的质量就是圆锥体内砂的质量（m_2）。

⑤重复以上步骤3次，取其平均值。

（4）标定量砂的松方密度ρ_s

①用15～25℃的水确定标定罐的容积V，精确至1mL。

②在储砂筒中装入质量为m_1的砂，并将灌砂筒放在标定罐上，打开开关，让砂流出。在整个流砂过程中，不触碰灌砂筒，直到储砂筒内的砂不再下落，关闭开关。取下灌砂筒，称取筒内剩余砂的质量m_3，精确至1g。

③按下式计算填满标定罐所需砂的质量

$$m_a = m_1 - m_2 - m_3$$

式中：m_a——标定罐中砂的质量（g）；

m_1——装入储砂筒内砂的质量（g）；

m_2——灌砂筒下部圆锥体内砂的质量（g）；

m_3——灌砂后，灌砂筒内剩余砂的质量（g）。

④重复以上步骤3次，取其平均值。

⑤按下式计算量砂的松方密度

$$\rho_s = \frac{m_a}{V}$$

式中：ρ_s——量砂的松方密度（g/cm³）；

V——标定罐的体积（cm³）。

2）测试步骤

（1）在试验地点，选一块平坦表面，将其清扫干净，面积不得小于基板面积。

（2）将基板放在平坦表面上。当表面的粗糙度较大时，将盛有量砂（m_1）的灌砂筒放在基板中孔上，做好基板位置标识。将灌砂筒的开关打开，让砂流入基板中孔内，直到储砂筒内的砂不再下落，关闭开关，取下灌砂筒，并称量储砂筒内砂的质量（m_5），精确至1g。

（3）取走基板，收回留在试验地点未混入杂质的量砂，重新将表面清扫干净。

（4）将基板放回原处并固定，沿基板中孔凿洞（洞的直径与灌砂筒直径一致）。在凿洞过程中，不应丢弃凿出的材料，并随时将凿松的材料取出装入塑料袋中或大铝盒内密封，防止水分蒸发。试洞的深度应等于测试层厚度，但不得有下层材料混入。称取洞内材料质量m_w，精确至1g。当需要测试厚度时，应先测量厚度后再称量材料总质量。

（5）从挖出的全部材料中取有代表性的试样，放在铝盒或洁净的搪瓷盘中，按照行业标准《公路土工试验规程》JTG 3430—2020的有关规定测试其含水率（w）。单组取样数量如下。

①用小灌砂筒测试时，对于细粒土，不少于100g；对于中粒土，不少于500g。

②用中灌砂筒测试时，对于细粒土，不少于200g；对于中粒土，不少于1000g。

③对于粗粒土或水泥、石灰、粉煤灰等无机结合料稳定材料，宜将取出的材料全部烘干，且不少于2000g，称其质量m_d。

④用大型灌砂筒测试时，宜将取出的材料全部烘干，称其质量m_d。

（6）储砂筒内装砂到要求质量m_1，将基板安放在试坑原位上。灌砂筒放在基板中间，下口对准基板中孔，打开灌砂筒开关，让砂流入试坑内。在此期间，不触碰灌砂筒，直到储砂筒内的砂不再下落，关闭开关。取走灌砂筒，并称量筒内剩余砂的质量m_4，精确至1g。

（7）如清扫干净的平坦表面粗糙度不大，也可省去步骤（2）和（3）。试洞挖好后，将灌砂筒直接对准试坑，中间不需要放基板。打开灌砂筒开关，让砂流入试坑内。在此期间，不触碰灌砂筒，直到储砂筒内的砂不再下落，关闭开关。取走灌砂筒，并称量剩余砂的质量m'_4，精确至1g。

（8）取出储砂筒内的量砂，以备下次试验时再用。

（9）取走基板，将留在试坑内未混入杂质的量砂收回；将坑内剩余量砂清理干净后，回填与被测结构相同材质的填料，并用铁锤分3～4层夯实。

（10）回收的量砂烘干、过筛，并放置24h以上，使其与空气的湿度平衡后继续使用。若量砂中混有杂质，则应废弃。

（11）现场检测作业时填写原始记录表，如表3.2-5所示。

压实度检测现场记录表   表3.2-5

记录编号						
工程名称						
工程部位/用途						
样品信息						
试验检测日期			试验条件			
检测依据			判定依据			
仪器名称编号						
委托编号			检测编号			
检测范围			使用材料			
标准砂密度			最大干密度			
序号						
测点桩号						
灌砂前砂＋容器重/g						
灌砂后砂＋容器重/g						
锥体砂重/g						
坑中挖出湿料重/g						
盒号						
盒质量/g						
盒＋湿料质量/g						
盒＋干料质量/g						

3.2.1.6　结果计算

1）按下列两式计算填满试坑所用砂的质量。

（1）灌砂时，试坑上放有基板时

$$m_b = m_1 - m_4 - (m_1 - m_5)$$

（2）灌砂时，试坑上不放基板时

$$m_b = m_1 - m_4' - m_2$$

式中：　m_b——填满试坑的砂的质量（g）；

　　　　m_1——灌砂前灌砂筒内砂的质量（g）；

　　　　m_2——灌砂筒下部圆锥体内砂的质量（g）；

　m_4、m_4'——灌砂后，储砂筒内剩余砂的质量（g）；

$(m_1 - m_5)$——灌砂筒下部圆锥体内及基板和粗糙表面间砂的合计质量（g）。

2）按下式计算试坑材料的湿密度

$$\rho_w = \frac{m_w}{m_b} \times \rho_s$$

式中：ρ_w——试坑材料的湿密度（g/cm³）；

　　　　m_w——试坑中取出的全部材料的质量（g）；

　　　　ρ_s——量砂的松方密度（g/cm³）。

3）按下式计算试坑材料的干密度

$$\rho_d = \frac{\rho_w}{1 + 0.01w}$$

式中：ρ_d——试坑材料的干密度（g/cm³）；

　　　　w——试坑材料的含水率（%）。

4）当为水泥、石灰、粉煤灰等无机结合料稳定土时，按下式计算密度

$$\rho_d = \frac{m_d}{m_b} \times \rho_s$$

式中：ρ_d——水泥、石灰、粉煤灰等无机结合料稳定土的密度（g/cm³）；

　　　　m_d——试坑中取出的稳定土的烘干质量（g）。

5）按下式计算压实度

$$K = \frac{\rho_d}{\rho_c} \times 100$$

式中：ρ_d——试样的干密度（g/cm³）；

　　　　ρ_c——由击实等试验得到的最大干密度（g/cm³）。

3.2.1.7　检测报告

基层和底基层压实度检测报告应符合行业标准《城镇道路工程施工与质量验收规范》CJJ 1—2008、《公路路基路面现场测试规程》JTG 3450—2019、《公路工程质量检验评定标准　第一册　土建工程》JTG F80/1—2017 的相关要求，检测报告的主要内容包括：

（1）测试位置信息（桩号、层位等）。

（2）干密度、最大干密度。

（3）压实度。

现场检测报告模板如表 3.2-6 所示。

路基路面压实度试验检测报告　　　　表 3.2-6

报告编号			
委托单位		工程名称	
工程部位			
样品信息			
检测依据		判定依据	
仪器名称编号			
检测方法		标准或设计要求值	
检测范围		最大干密度/（g/cm³）	
使用材料		试验日期	
委托编号		检测编号	
序号	里程桩号及位置	湿密度/（g/cm³）	含水率/%	干密度/（g/cm³）	压实度/%
检测结论					

3.3　弯沉

基层与底基层的弯沉检测是通过对基层与底基层施加负荷以评估路面结构刚度和变形性能实现的，由此推导评定其承载能力，为其竣工验收质量评估以及后续维护和改进提供了重要依据。基层与底基层的弯沉测试方法主要分为：

（1）贝克曼梁法测试路面弯沉。

（2）落锤式弯沉仪法测试路面弯沉。

贝克曼梁法是道路工程的基层与底基层弯沉检测中最常见的方法，本节将展开介绍。

关于基层与底基层弯沉的检测频率，行业标准《城镇道路工程施工与质量验收规范》CJJ 1—2008 中的要求如表 3.3-1 所示，行业标准《公路工程质量检验评定标准 第一册 土建工程》JTG F80/1—2017 的要求如表 3.3-2 所示。

《城镇道路工程施工与质量验收规范》检测频率要求　　　表 3.3-1

序号	规定值或允许偏差	检测方法	检测频率	检验批
1	不应大于设计规定	弯沉仪法	每车道、每 20m 测 1 点	每条路或路段

《公路工程质量检验评定标准 第一册 土建工程》检测频率要求　　表 3.3-2

序号	规定值或允许偏差		检测方法	检测频率
	高速公路一级公路	其他公路		
1	不大于设计验收弯沉值		贝克曼梁法	80 点
2	不大于设计验收弯沉值		落锤式弯沉仪法	40 点
备注			以上检测点数均针对双车道评定路段（不超过 1km），对于多车道公路，应按车道数与双车道之比相应增加测点	

3.3.1　贝克曼梁法

3.3.1.1　检测范围

本方法适用于测试路基及基层与底基层的回弹弯沉，通过测量基层与底基层受到静态荷载作用时产生的表面变形，表征其承载能力及变形性能，但是需要注意本方法不适用于解冻后路基的检测。

3.3.1.2　检测依据

目前采用贝克曼梁对道路的基层与底基层进行弯沉检测的依据主要有：

（1）行业标准《城镇道路工程施工与质量验收规范》CJJ 1—2008。
（2）行业标准《公路路基路面现场测试规程》JTG 3450—2019。
（3）行业标准《公路工程质量检验评定标准 第一册 土建工程》JTG F80/1—2017。
（4）行业标准《公路基层与底基层施工技术规范》JTG F40—2004。
（5）行业标准《公路基层与底基层设计规范》JTG D50—2017。

3.3.1.3　检测仪器及技术要求

采用贝克曼梁进行弯沉检测需要下列仪器与工具：

（1）标准车：双轴、后轴双侧 4 轮的载重车，单后轴、单侧双轮组的载重车，双轮轮隙应能满足自由插入贝克曼梁测头的要求，同时其标准轴荷载、轮胎尺寸、轮胎间隙及轮胎气压等主要参数应符合表 1.1-3 的要求。测试车应采用后轴 10t 标准轴载 BZZ-100 的汽车。

（2）贝克曼梁：由合金铝制成，上有水准泡，其前臂（接触路面）与后臂（装百分表）长度比为 2：1。弯沉仪长度有两种：一种长 3.6m，前后臂分别为 2.4m 和 1.2m；另一种加长的弯沉仪长 5.4m，前后臂分别为 3.6m 和 1.8m。而针对基层与底基层应采用长度为 5.4m 的贝克曼梁弯沉仪。

（3）百分表及表架。
（4）接触式路表温度计：端部为平头，分度值不大于 1℃。
（5）其他：钢直尺等。

3.3.1.4　检测步骤及修正

采用贝克曼梁法检测基层与底基层弯沉的检测步骤，参照本书 1.1 节中贝克曼梁法检测沥青路面弯沉的相关内容，根据行业标准《公路路基路面现场测试规程》JTG 3450—2019中选用贝克曼梁的相关要求，基层与底基层只能采用长度为 5.4m 的弯沉仪，故可不进行支点变形修正。

3.3.1.5 结果计算

（1）路面测点的回弹弯沉值按下式计算。

$$l_t = (L_1 - L_2) \times 2$$

式中：l_t——路面温度t时的回弹弯沉值（0.01mm）；

L_1——车轮中心临近弯沉仪测头时百分表的最大读数（0.01mm）；

L_2——汽车驶出弯沉影响半径后百分表的终读数（0.01mm）。

（2）按附录 B 的方法 计算一个测试路段的回弹弯沉平均值、标准差及代表值。

需要注意的是，基层与底基层弯沉的代表值为弯沉测量值的波动上限值，计算方式应参照行业标准《公路工程质量检验评定标准 第一册 土建工程》JTG F80/1—2017 附录 J 中的相关规定。

基层与底基层弯沉代表值为弯沉测量值的波动上限，用下式计算：

$$l_r = \bar{l} + Z_a S$$

式中：l_r——弯沉代表值（0.01mm）；

$\bar{l}$——实测弯沉平均值；

S——标准差；

Z_a——与要求保证率有关的系数，高速公路和一级公路取$Z_a = 2.0$，二级公路$Z_a = 1.645$，二级以下公路取$Z_a = 1.5$。

3.3.1.6 检测案例分析

【案例】对某道路工程项目新建道路 A 桩号 K1＋100～K1＋200 段水泥稳定石屑基层进行弯沉试验，试验长度为 100m，城镇道路等级为主干道，基层弯沉设计值为 116.5（0.01mm），设计路基顶面回弹模量为 62MPa。本次试验中采用贝克曼梁法对待检路段 A 进行检测。

（1）基本信息

试验前现场平均气温为 32℃，轮胎左侧前轮气压 0.71MPa，右侧前轮 0.69MPa，左侧左后轮 0.74MPa，左侧右后轮 0.68MPa，右侧左后轮 0.73MPa，右侧右后轮 0.66MPa，后轴重为 10.01t（此处重力加速取值 9.98N/kg），单轮传压面当量圆面积为 $3.64 \times 10^4 mm^2$，满足规范要求。采用 5.4m 贝克曼梁进行检测。

（2）现场数据记录

现场弯沉检测百分表示值见表 3.3-3。

现场弯沉检测百分表示值 表 3.3-3

序号	桩号	加载读数/0.01mm	卸载读数/0.01mm
1	K1＋105 左幅第一车道	493	445
2	K1＋125 左幅第一车道	695	658

续表

序号	桩号	加载读数/0.01mm	卸载读数/0.01mm
3	K1＋145 左幅第一车道	384	343
4	K1＋165 左幅第一车道	631	581
5	K1＋185 左幅第一车道	646	610
6	K1＋190 右幅第一车道	414	372
7	K1＋170 右幅第一车道	575	528
8	K1＋150 右幅第一车道	745	704
9	K1＋130 右幅第一车道	824	780
10	K1＋110 右幅第一车道	795	750

（3）支点修正

由于本次贝克曼梁法测定沥青路面弯沉采用 5.4m 贝克曼梁，故不需要进行贝克曼梁的支点修正。

（4）计算回弹弯沉

计算该水稳石屑基层的回弹弯沉值，该路段共检测 10 个点，路面测点的回弹弯沉值见表 3.3-4。

路面现场弯沉检测计算值 表 3.3-4

序号	桩号	加载读数/0.01mm	卸载读数/0.01mm	弯沉值/0.01mm
1	K1＋105 左幅第一车道	493	445	96
2	K1＋125 左幅第一车道	695	658	74
3	K1＋145 左幅第一车道	384	343	82
4	K1＋165 左幅第一车道	631	581	100
5	K1＋185 左幅第一车道	646	610	72
6	K1＋190 右幅第一车道	414	372	84
7	K1＋170 右幅第一车道	575	528	94
8	K1＋150 右幅第一车道	745	704	82
9	K1＋130 右幅第一车道	824	780	88
10	K1＋110 右幅第一车道	795	750	90
平均值/0.01mm				86.2

计算该测试路段的回弹弯沉平均值、标准差及代表值：

弯沉平均值为 86.2（0.01mm）；标准差 $S = 9.16$（0.01mm）；由于新建路段 A 道路等级为城镇主干道，参照表 1.1-5 相关要求，保证率系数 $Z_a = 2.0$，因此计算可得路段弯沉代表值 $l_r = 104.52$（0.01mm）。

由于该段道路弯沉设计值为 116.5（0.01mm），故本项目新建道路 A 桩号 K1＋100～K1＋200 段基层弯沉值检测符合设计要求。

3.3.1.7　检测报告

弯沉检测的检测报告应符合行业标准《城镇道路工程施工与质量验收规范》CJJ 1—2008、《公路路基路面现场测试规程》JTG 3450—2019、《公路工程质量检验评定标准　第一册　土建工程》JTG F80/1—2017 的相关要求，检测报告的主要内容包括：

（1）测试路段信息（桩号、路面结构层材料类型及设计厚度等）。

（2）沥青面层平均温度、温度修正系数、回弹弯沉值。

（3）测试路段的回弹弯沉平均值、标准差及代表值。

参照上述检测案例，现场检测报告模板如表 3.3-5 所示。

路基路面弯沉试验检测报告（贝克曼梁法）　　　　　　表 3.3-5

委托单位			工程名称		某道工程项目	
工程部位			新建道路 A K1＋100～K1＋200 段			
样品信息			表面洁净、平整			
检测依据		JTG 3450—2019	判定依据		图纸设计	
设备名称编号		弯沉仪/	百分表/		温度计/	
委托编号			检测编号			
试验温度		40℃	车辆参数		后轴＝10.01t，轮胎气压＝0.70MPa	
测试车型		BZZ-100	结构类型		5%水稳石屑垫层	
道路等级		主干道				
设计弯沉值		116.5（0.01mm）	试验日期		年　　月　　日	
桩号及车道	弯沉值/0.01mm		桩号及车道	弯沉值/0.01mm		
	左轮	右轮		左轮		右轮
K1＋105 左幅第一车道	96		K1＋190 右幅第一车道	84		
K1＋125 左幅第一车道	74		K1＋170 右幅第一车道	94		
K1＋145 左幅第一车道	82		K1＋150 右幅第一车道	82		
K1＋165 左幅第一车道	100		K1＋130 右幅第一车道	88		
K1＋185 左幅第一车道	72		K1＋110 右幅第一车道	90		
检测结果	统计点数		10	平均值/0.01mm		86.2
	保证率系数 Z_a		2.0	标准差/0.01mm		9.16
	湿度影响系数 K_1		—	代表弯沉值/0.01mm		104.52
	温度影响系数 K_3		—			
	结论		本次共检测 10 点，该路段弯沉符合设计要求			

3.4 平整度

基层与底基层的平整度检测是评价及施工验收的一个重要指标，主要反映路面纵断面剖面曲线的平整性。若路面纵断面剖面曲线相对平滑，则表示路面相对平整，或平整度相对较好，反之则表示平整度相对较差，是基层与底基层竣工验收质量评估的重要依据。

基层与底基层平整度的检测方法主要为三米直尺法。

关于基层与底基层平整度的检测频率，行业标准《城镇道路工程施工与质量验收规范》CJJ 1—2008 中的要求如表 3.4-1 所示，行业标准《公路工程质量检验评定标准 第一册 土建工程》JTG F80/1—2017 中的要求如表 3.4-2 所示。

《城镇道路工程施工与质量验收规范》的检测频率要求　　　　表 3.4-1

序号	检测项目	规定值或允许偏差/mm	检测方法	范围	路宽/m	点数
1	基层	≤10	三米直尺法	20m	<9	1
					9~15	2
	底基层	≤15			>15	3
备注		用三米直尺和楔形塞尺连续量取两尺，取较大值				

《公路工程质量检验评定标准 第一册 土建工程》的检测频率要求　　　　表 3.4-2

序号	检查项目	规定值或允许偏差/mm		检测方法	检测频率
		高速公路 一级公路	其他公路		
1	基层	≤8	≤12	三米直尺法	每200m测2处×5尺
2	底基层	≤12	≤15	三米直尺法	每200m测2处×5尺
备注		无			

3.4.1 检测范围

本方法即用三米直尺测试路表与三米直尺基准面的最大间隙 δ_m，用以表征路表平整度，适用于碾压成型后的路基路面各层表面，包括基层与底基层的平整度测试。

3.4.2 检测依据

目前三米直尺法检测路面平整度的检测依据主要有：
（1）行业标准《城镇道路工程施工与质量验收规范》CJJ 1—2008。
（2）行业标准《公路路基路面现场测试规程》JTG 3450—2019。
（3）行业标准《公路工程质量检验评定标准 第一册 土建工程》JTG F80/1—2017。
（4）行业标准《公路沥青路面设计规范》JTG D50—2017。

3.4.3 检测仪器及技术要求

三米直尺法检测需要下列仪器与工具：

（1）三米直尺：测量基准面长度为 3m，基准面应平直，用硬木或铝合金钢等材料制成。

（2）楔形塞尺：硬木或金属制的三角形塞尺，有手柄。塞尺的长度与高度之比不小于10，宽度不大于 15mm，边部有高度标记，分度值不大于 0.5mm。

（3）深度尺：金属制的深度测量尺，有手柄。深度尺测量杆端头直径不小于 10mm，分度值不大于 0.5mm。

（4）其他：皮尺或钢尺等。

3.4.4　检测步骤

三米直尺法检测基层与底基层的最大间隙值的步骤以及结果计算，参照本书 1.4 节三米直尺检测路面平整度的相关内容。

3.4.5　结果计算

在实际检测项目中，依据不同的规范要求，最终结果的计算方法也有差别，具体如下：

（1）依据行业标准《城镇道路工程施工与质量验收规范》CJJ 1—2008，利用三米直尺连续量取两尺，以两尺测量结果之间最大间隙 δ_m 为测试结果，对于沥青混合料面层，以每条路或路段作为检验批进行综合评定。

（2）依据行业标准《公路路基路面现场测试规程》JTG 3450—2019 以及行业标准《公路工程质量检验评定标准　第一册　土建工程》JTG F80/1—2017，单尺测试路面的平整度计算，以三米直尺与路面的最大间隙 δ_m 为测试结果。

3.4.6　检测案例分析

【案例】对某道路工程项目新建道路 B 桩号 K1＋100～K1＋200 段 5%水稳石屑基层进行平整度试验，现场为双向 2 车道，道路等级为次干道，车道宽度为 3.50m，现场路面总宽度为 8.50m，检测参考行业标准《城镇道路工程施工与质量验收规范》CJJ 1—2008。本次试验中采用三米直尺法对待检路段 B 进行检测，平整度的标准技术要求为最大间隙值 $\delta_m \leqslant 10mm$。

（1）现场数据记录

现场三米直尺记录的数据如表 3.4-3 所示。

现场平整度间隙值记录　　　　　　　　　表 3.4-3

编号	测点位置	每尺读数/mm	
		第 1 尺	第 2 尺
1	右幅 K1＋020	6.0	4.0
2	右幅 K1＋040	7.0	5.0
3	右幅 K1＋060	6.0	6.0
4	右幅 K1＋080	5.0	4.5
5	右幅 K1＋100	5.5	5.5
6	右幅 K1＋120	6.0	6.5

续表

编号	测点位置	每尺读数/mm	
		第1尺	第2尺
7	右幅 K1 + 140	6.0	5.5
8	右幅 K1 + 160	7.0	5.0
9	右幅 K1 + 180	8.0	4.0
10	右幅 K1 + 200	5.0	6.0
11	左幅 K1 + 200	6.0	5.0
12	左幅 K1 + 180	5.5	4.0
13	左幅 K1 + 160	7.0	3.0
14	左幅 K1 + 140	7.5	3.5
15	左幅 K1 + 120	6.5	7.0
16	左幅 K1 + 100	4.5	8.0
17	左幅 K1 + 080	3.5	4.0
18	左幅 K1 + 060	4.0	6.5
19	左幅 K1 + 040	3.0	4.5
20	左幅 K1 + 020	4.0	5.0

（2）计算最大间隙值δ_m

统计现场各处平整度间隙值检测数据，以两尺测量结果之间最大间隙δ_m为测试结果，得到表 3.4-4。

现场平整度间隙值数据处理　　　　　表 3.4-4

编号	测点位置	每尺读数/mm		最大间隙/mm
		第1尺	第2尺	
1	右幅 K1 + 020	6.0	4.0	6.0
2	右幅 K1 + 040	7.0	5.0	7.0
3	右幅 K1 + 060	6.0	6.0	6.0
4	右幅 K1 + 080	5.0	4.5	5.0
5	右幅 K1 + 100	5.5	5.5	5.5
6	右幅 K1 + 120	6.0	6.5	6.5
7	右幅 K1 + 140	6.0	5.5	6.0
8	右幅 K1 + 160	7.0	5.0	7.0
9	右幅 K1 + 180	8.0	4.0	8.0

续表

编号	测点位置	每尺读数/mm		最大间隙/mm
		第1尺	第2尺	
10	右幅 K1＋200	5.0	6.0	6.0
11	左幅 K1＋200	6.0	5.0	6.0
12	左幅 K1＋180	5.5	4.0	5.5
13	左幅 K1－160	7.0	3.0	7.0
14	左幅 K1－140	7.5	3.5	7.5
15	左幅 K1－120	6.5	7.0	7.0
16	左幅 K1－100	4.5	8.0	8.0
17	左幅 K1－080	3.5	4.0	4.0
18	左幅 K1－060	4.0	6.5	6.5
19	左幅 K1－040	3.0	4.5	4.5
20	左幅 K1－020	4.0	5.0	5.0

其中检测统计点共 20 个，现场检测所有部位平整度最大间隙值均不大于 10mm，故本项目新建道路 B 桩号 K1＋100～K1＋200 段基层平整度值检测符合设计要求。

3.4.7 检测报告

平整度检测报告应符合行业标准《城镇道路工程施工与质量验收规范》CJJ 1—2008、《公路路基路面现场测试规程》JTG 3450—2019、《公路工程质量检验评定标准 第一册 土建工程》JTG F80/1—2017 的相关要求，检测报告的主要内容包括：

（1）测试位置信息（桩号、测试方式等）。

（2）最大间隙 δ_m。

参照上述工程实例，现场检测报告模板如表 3.4-5 所示。

路基路面平整度试验检测报告（三米直尺法） 表 3.4-5

委托单位		工程名称	某道路工程项目
工程部位	新建道路 B		
样品信息	表面洁净、平整		
检测依据	JTG 3450—2019	判定依据	设计图纸、CJJ 1—2008
仪器设备编号	三米直尺/	楔形塞尺/	钢直尺/
设计/标准值/mm	$\delta_m \leqslant 10mm$	试验日期	2024-01-03
检测里程	K1＋100～K1＋200		
委托编号		检测编号	

编号	测点位置	每尺读数/mm		最大间隙值/mm
		第1尺	第2尺	
1	右幅 K1 + 020	6.0	4.0	6.0
2	右幅 K1 + 040	7.0	5.0	7.0
3	右幅 K1 + 060	6.0	6.0	6.0
4	右幅 K1 + 080	5.0	4.5	5.0
5	右幅 K1 + 100	5.5	5.5	5.5
6	右幅 K1 + 120	6.0	6.5	6.5
7	右幅 K1 + 140	6.0	5.5	6.0
8	右幅 K1 + 160	7.0	5.0	7.0
9	右幅 K1 + 180	8.0	4.0	8.0
10	右幅 K1 + 200	5.0	6.0	6.0
11	左幅 K1 + 200	6.0	5.0	6.0
12	左幅 K1 + 180	5.5	4.0	5.5
13	左幅 K1 + 160	7.0	3.0	7.0
14	左幅 K1 + 140	7.5	3.5	7.5
15	左幅 K1 + 120	6.5	7.0	7.0
16	左幅 K1 + 100	4.5	8.0	8.0
17	左幅 K1 + 080	3.5	4.0	4.0
18	左幅 K1 + 060	4.0	6.5	6.5
19	左幅 K1 + 040	3.0	4.5	4.5
20	左幅 K1 + 020	4.0	5.0	5.0
检测结果	所检部位平整度符合设计要求			

3.5 无侧限抗压强度

无机结合料稳定材料无侧限抗压强度是指无机结合料稳定材料在无侧限条件下所能够承受的最大压力，它是评价无机结合料稳定材料性能的重要指标之一。通过对无机结合料稳定材料无侧限抗压强度的测定，可以了解材料的抗压性能、耐久性、稳定性等方面的特性，为工程应用提供重要的参考依据。

3.5.1 无机结合料稳定材料无侧限抗压强度试验方法

3.5.1.1 适用范围

本方法适用于测定无机结合料稳定材料（包括稳定细粒土、中粒土和粗粒土）试件的无侧限抗压强度。

3.5.1.2　试验原理

基于材料的内部结构和应力状态，测试其在侧向不受限制的条件下所受到的轴向压力至试样破损时所受的力，以求得无机结合料稳定材料的无侧限抗压强度。

3.5.1.3　检测依据及频率

1）检测依据

无机结合料稳定材料无侧限抗压强度检测应符合国家、行业、地方等标准以及建设单位、政府文件的相关规定。目前无机结合料稳定材料无侧限抗压强度的检测依据主要有：

（1）行业标准《城镇道路工程施工与质量验收规范》CJJ 1—2008。

（2）行业标准《公路工程无机结合料稳定材料试验规程》JTG 3441—2024。

（3）行业标准《公路工程质量检验评定标准　第一册　土建工程》JTG F80/1—2017。

（4）行业标准《公路路面基层施工技术细则》JTG/T F20—2015。

2）检测频率

根据行业标准《城镇道路工程施工与质量验收规范》CJJ 1—2008 以及《公路工程质量检验评定标准　第一册　土建工程》JTG F80/1—2017 的要求，无机结合料稳定材料无侧限抗压强度检测频率如表 3.5-1 所示。

无机结合料稳定材料无侧限抗压强度检测频率　　　　　表 3.5-1

序号	标准依据	检测频率
1	《城镇道路工程施工与质量验收规范》CJJ 1—2008	每 2000m² 抽检 1 组（6 块）
2	《公路工程质量检验评定标准　第一册　土建工程》JTG F80/1—2017	应在现场按规定频率取样，按工地预定达到的压实度制备试件。2000m² 或每工作班制备 1 组试件

3.5.1.4　检测仪器及技术要求

本方法需要下列仪器与工具：

（1）标准养护室。

（2）水槽：深度应大于试件高度 50mm。

（3）压力机或万能试验机（图 3.5-1），也可用路面强度试验仪和测力计。压力机应符合国家标准《液压式万能试验机》GB/T 3159—2008 及《试验机　通用技术要求》GB/T 2611—2022 中的要求，测量精度为±1%，同时应具有加载速率指示装置或加载速率控制装置。上下压板平整并有足够刚度，可以均匀地连续加载卸载，保持固定荷载。开机停机均灵活自如，能够满足试件吨位要求，且压力机加载速率可以有效控制在 1mm/min。

（4）电子天平：量程 15kg，感量 0.1g；量程 4000g，感量

图 3.5-1　万能试验机

0.01g。

（5）量筒、拌合工具、大小铝盒、烘箱等。

（6）球形支座。

（7）机油：若干。

3.5.1.5 检测步骤

1）试件制备和养护

（1）细粒材料，试件直径 50mm、高 50mm 或直径 100mm、高 100mm；中粒材料，试件直径 100mm、高 100mm 或直径 150mm、高 150mm；粗粒材料，试件直径 150mm、高 150mm。

（2）按照行业标准《公路工程无机结合料稳定材料试验规程》JTG 3441—2024 中 T 0843 制作成型径高比为 1 : 1 的圆柱形试件。

（3）按照行业标准《公路工程无机结合料稳定材料试验规程》JTG 3441—2024 中 T 0845 的标准养生方法进行养生。

（4）将试件两顶面用刮刀刮平，必要时可用快凝水泥砂浆抹平试件顶面。

（5）为保证试验结果的可靠性和准确性，每组试件的数目要求为：小试件数量不少于 6 个；中试件数量不少于 9 个；大试件数量不少于 13 个。

2）试验步骤

（1）根据试验材料的类型和一般的工程经验，选择合适量程的测力计和压力机，试件破坏荷载应大于测力量程的 20% 且小于测力量程的 80%。球形支座和上下顶板涂上机油，使球形支座能够灵活转动。

（2）将已浸水 24h 的试件从水中取出，用软布吸去试件表面的水分，并称试件的质量 m_4。

（3）用游标卡尺测量试件的高度 h，精确至 0.1mm。

（4）将试件放在路面材料强度试验仪或压力机上，并在升降台上先放一扁球座，进行抗压试验。试验过程中，加载速率应保持为 1mm/min。记录试件破坏时的最大压力 P。

（5）从试件中心取有代表性的样品（已打破），按照行业标准《公路工程无机结合料稳定材料试验规程》JTG 3441—2024 中 T 0801 的方法，测定其含水率 w。

（6）室内试验过程中应按步骤填写原始记录表，如表 3.5-2 所示。

无机结合料稳定材料无侧限抗压强度记录表　　　　　　　　表 3.5-2

样品编号		混合料名称	
最大干密度		最佳含水量	
试件压实度		试件理论质量	
试件尺寸		制件方法	
加载速度		送样日期	
制件日期		试验日期	
检验依据		□JTG 3441—2024　□其他：	

续表

仪器/编号	□路强仪/			□电子秤/			□脱模器/		□其他：			
试件号	1	2	3	4	5	6	7	8	9	10	11	12	13
养生前试件质量/g													
浸水前试件质量/g													
养生期间质量损失/g													
浸水后试件质量/g													
养生前试件高/mm													
养生后试件高/mm													
试验的最大压力/N													
抗压强度													
平均值/MPa													
代表值/MPa													
备注	变异系数：　　/%												

3.5.1.6　计算及数据处理

1）计算

试件的无侧限抗压强度按下式计算：

$$R_c = \frac{P}{A}$$

$$A = \frac{1}{4}\pi D^2$$

式中：R_c——试件的无侧限抗压强度（MPa）；

　　　P——试件破坏时的最大压力（N）；

　　　A——试件的截面积（mm²）；

　　　D——试件的直径（mm）。

2）结果整理

（1）抗压强度应保留至小数点后 2 位。

（2）同一组试件试验中，采用 3 倍均方差方法剔除异常值，细、中粒材料异常值不超过 1 个，粗粒材料异常值不超过 2 个。异常值数量超过上述规定的重做试验。

（3）同一组试验的变异系数C_v（%）符合下列规定，方为有效试验：小试件$C_v \leqslant 6\%$；中试件$C_v \leqslant 10\%$；大试件$C_v \leqslant 15\%$。如不能保证试验结果的变异系数小于规定值，则应按允许误差 10%和 90%概率重新计算所需的试件数量，增加试件数量并另做新试验。

3.5.1.7　检测结果判定

根据行业标准《公路工程质量检验评定标准 第一册 土建工程》JTG F80/二—2017 的

要求，无侧限抗压强度判定如下：

（1）无机结合料稳定材料强度，应以规定温度下保湿养护 6d、浸水 1d 后的 7d 无侧限抗压强度为准。

（2）不论稳定细粒土、中粒土或粗粒土，当多次偏差系数 C_v < 10% 时，可制备 6 个试件；C_v = 10%～15% 时，可制备 9 个试件；C_v > 15% 时，应制备 13 个试件。

（3）试件的平均强度 $\overline{R}_c$ 应满足下式要求

$$\overline{R}_c \geqslant \frac{R_d}{1 - Z_\alpha C_v}$$

式中：R_d——设计抗压强度（MPa）；

C_v——试验结果的偏差系数（以小数计）；

Z_α——标准正态分布表中随保证率而变的系数。高速公路、一级公路：保证率 95%，Z_α = 1.645；其他公路：保证率 90%，Z_α = 1.282。

（4）路段内无机结合料稳定材料强度评为不合格时，相应分项工程为不合格。

3.5.1.8　注意事项

（1）在进行强度试验时，试件需放置在竖向荷载的中心位置，如采用测力计，测力计中心、球形支座、上压板、试件及下压板（或半球形支座）应处在同一条直线上，以避免偏载影响试验结果。

（2）试验前，试件表面应用刮刀刮平，避免试件表面不均匀的突起物在试验过程中造成应力集中，导致试验数据失真。必要时，可用快凝的水泥砂浆抹面处理。如需要抹面，应在试件饱水前完成，然后进行饱水。

（3）除特殊目的外，试件的干密度应与规定的施工过程中必须达到的干密度（压实度×最大干密度）一致。

3.5.1.9　检测案例分析

【案例】对某新建城市主干道道路工程项目 A 道路底基层 4% 水泥稳定石屑材料进行无侧限抗压强度检测，该设计强度等级为 2.0MPa，制备 9 个 ϕ150 试件并在规定温度下保湿养护 6d、浸水 1d 后，进行 7d 无侧限抗压强度试验，最终 9 个试件测得破坏时最大压力数值分别为 19430N、20380N、17790N、22170N、21290N、22060N、22700N、23230N、17760N，根据行业标准《公路工程无机结合料稳定材料试验规程》JTG 3441—2024，分别计算受压面积，求出无侧限抗压强度平均值、标准差、变异系数并判定该组试件是否符合设计要求。

检测结果如表 3.5-3 所示，根据行业标准《公路工程质量检验评定标准　第一册　土建工程》JTG F80/1—2017，判定 $\overline{R}_c(1 - Z_\alpha C_v)$ 值为 2.21MPa，大于设计强度等级 2.0MPa，该无侧限抗压强度符合设计要求。

无侧限抗压强度范例检测结果　　　　　　　　　　表 3.5-3

序号	试件直径/mm	受压面积/mm²	破坏时最大压力/N	无侧限抗压强度/MPa
1	100	1/4 × 100 × 100π = 7854	19430	19430/7854 = 2.47
2	100	1/4 × 100 × 100π = 7854	20380	20380/7854 = 2.59

序号	试件直径/mm	受压面积/mm²	破坏时最大压力/N	无侧限抗压强度/MPa
3	100	1/4 × 100 × 100π = 7854	17790	17790/7854 = 2.27
4	100	1/4 × 100 × 100π = 7854	22170	22170/7854 = 2.82
5	100	1/4 × 100 × 100π = 7854	21290	21290/7854 = 2.71
6	100	1/4 × 100 × 100π = 7854	22060	22060/7854 = 2.81
7	100	1/4 × 100 × 100π = 7854	22700	22700/7854 = 2.89
8	100	1/4 × 100 × 100π = 7854	23230	23230/7854 = 2.96
9	100	1/4 × 100 × 100π = 7854	17760	17760/7854 = 2.26
无侧限抗压强度平均值/MPa	2.64		无侧限抗压强度标准差/MPa	$S = \sqrt{\frac{\sum\limits_{i=1}^{9}(X-\overline{X})^2}{(9-1)}} = 0.26$
变异系数C_v/%	0.26/2.64 × 100 = 9.85		$\overline{R}_c(1 - Z_\alpha C_v)$/MPa	2.64 ×(1 - 1.645 ×9.85%) = 2.21

3.5.1.10　检测报告

无侧限抗压强度检测报告应符合行业标准《公路工程无机结合料稳定材料试验规程》JTG 3441—2024 的相关要求，试验报告应包括以下内容：

（1）材料的颗粒组成。

（2）水泥的种类和强度等级，或石灰的等级。

（3）重型击实的最佳含水率（%）和最大干密度（g/cm³）。

（4）无机结合料类型及剂量。

（5）试件干密度（保留 4 位小数）或压实度。

（6）吸水量以及测抗压强度时的含水率（%）。

（7）抗压强度，保留 2 位小数。

（8）若干个试验结果的最小值和最大值、平均值$\overline{R}_c$、标准差S、变异系数C_v和一定保证率下的代表值$R_{c,r}(R_{c,r} = \overline{R}_c - Z_\alpha S)$，其中$Z_\alpha$为标准正态分布表中随保证率而变的系数。

报告模板如表 3.5-4 所示。

无机结合料稳定材料无侧限抗压强度试验报告　　　　表 3.5-4

委托编号		样品编号		
报告编号		试验类别		
委托单位		工程名称		
见证单位		监督登记号		
见证人		见证号		
工程部位		取样位置		
设计强度等级		混合料种类规格		
最大干密度		g/cm³	最佳含水率		%

养生龄期及方法									试件压实度						%
制作日期															
试压日期															
龄　期															
试件号			1	2	3	4	5	6	7	8	9	10	11	12	13
试件尺寸	直径	mm													
	高度	mm													
受压面积		mm²													
试验最大压力P		kN													
无侧限抗压强度 RC		MPa													
无侧限抗压强度平均值		MPa					无侧限抗压标准差				MPa				
偏差系数Cᵥ		%					代表值				MPa				
试验结论															
备注															

第4章

土路基

路基是由土、水和空气组成的三相体系，土骨架颗粒之间的孔隙被水和空气占据。虽然天然土体已具有一定的密实度，但与路基的使用性能要求仍然有很大的差距，因为路基施工破坏了天然土体状态，使土颗粒重新组合，孔隙增加，结构松散，致使土体的稳定性和强度降低。因此，若要提高路基的稳定性和强度，必须对其压实度、弯沉等相关参数进行试验检测。

4.1 压实度

压实的意义在于使土颗粒重新组合，彼此挤密，孔隙缩小，土的重度提高，形成密实体，最终使其稳定性提高，强度增大。大量试验和工程实践证实，路基压实后，不仅稳定性和强度提高了，而且塑性变形、渗透性、毛细水作用及隔温等性能都有较大的提高。土路基压实度检测方法主要分为：

（1）挖坑灌砂测试压实度法。

（2）环刀测试压实度法。

挖坑灌砂测试压实度法是工程实践中最常见的检测方法，本节介绍这种方法。

关于土路基压实度的检测频率，《公路工程质量检验评定标准 第一册 土建工程》JTG F80/1—2017 中的要求如表 4.1-1 所示，《城镇道路工程施工与质量验收规范》CJJ 1—2008 中的要求如表 4.1-2 所示。

《公路工程质量检验评定标准 第一册 土建工程》检测频率要求　　　　表 4.1-1

检查项目				规定值或允许偏差			检查方法和频率
				高速公路一级公路	其他公路		
					二级公路	三、四级公路	
压实度/%	上路床		0~0.3m	≥96	≥95	≥94	每 200m 每压实层测 2 处
	下路床	轻、中及重交通荷载等级	0.3~0.8m	≥96	≥95	≥94	
		特重、极重交通荷载等级	0.3~1.2m	≥96	≥95		
	上路堤	轻、中及重交通荷载等级	0.8~1.5m	≥94	≥94	≥93	
		特重、极重交通荷载等级	1.2~1.9m	≥94	≥94		

续表

检查项目			规定值或允许偏差			检查方法和频率
			高速公路 一级公路	其他公路		
				二级公路	三、四级公路	
压实度/%	下路堤	轻、中及重交通荷载等级	> 1.5m	≥ 93	≥ 92	≥ 90	
		特重、极重交通荷载等级	> 1.9m				

注：1. 表中压实度系按《公路土工试验规程》JTG 3430—2020 重型击实试验所得最大干密度求得的压实度。评定路段内的压实度平均值置信下限不得小于规定标准，单个测定值不得小于极值（表中规定值减 5 个百分点）。按测定值不小于表列规定值减 2% 的测点数占总检查点数的百分比计算该路段压实度合格率。
2. 特殊干旱、特殊潮湿地区或过湿土路基等，可按路基设计、施工规范所规定的压实度标准评定。
3. 三、四级公路铺筑沥青混凝土或水泥混凝土路面时路基压实度应采用二级公路标准。

《城镇道路工程施工与质量验收规范》检测频率要求 表 4.1-2

序号	检测频率
1	每 1000m²、每压实层抽检 3 点

4.1.1 挖坑灌砂测试压实度法

4.1.1.1 试验范围

本方法适用于现场测试基层或底基层、砂石路面及路基结构的压实度，以评价结构层的压实质量，但不适用于测试填石路堤等有大孔洞或大空隙结构的压实度。

4.1.1.2 检测依据

目前土基压实度的检测依据主要有以下：
（1）行业规范《城镇道路工程施工与质量验收规范》CJJ 1—2008。
（2）行业规范《公路工程质量检验评定标准 第一册 土建工程》JTG F80/1—2017。
（3）行业规范《公路路基路面现场测试规程》JTG 3450—2019。
（4）国家标准《土工试验方法标准》GB/T 50123—2019。

4.1.1.3 检测仪器及技术要求

挖坑灌砂测试压实度依据的检测规范不同，则所采用的检测设备以及检测步骤不同，本章主要介绍的是依据行业标准《公路路基路面现场测试规程》JTG 3450—2019 的仪器技术要求以及方法步骤。依据国家标准《土工试验方法标准》GB/T 50123—2019 的挖坑灌砂测试压实度的相关仪器技术要求以及方法步骤详见本书 5.2.1 节相关内容。

灌砂设备：灌砂设备包括灌砂筒、标定罐和基板。
（1）灌砂筒：金属材质，形式和主要尺寸见图 4.1-1，并符合表 4.1-3 的规定。灌砂筒上部为储砂筒，下部为圆锥体漏斗，筒底与漏斗顶端铁板之间设有开关。
（2）标定罐：金属材质，上端有罐缘，形式和主要尺寸见图 4.1-1，并应符合表 4.1-3 的规定。

（3）基板：金属材质的方盘，盘中心有一圆孔，主要尺寸应符合表 4.1-3 的规定。

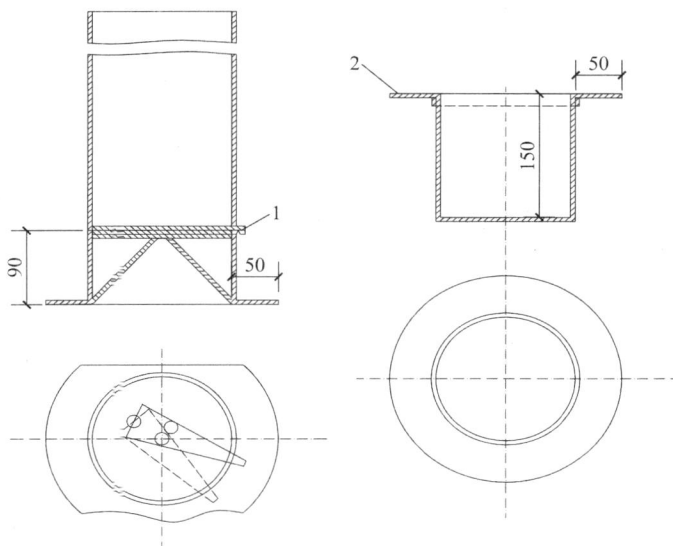

图 4.1-1　灌砂筒和标定罐

1—开关；2—罐缘

灌砂设备的主要尺寸要求　　　　表 4.1-3

灌砂设备类型			小型灌砂设备	中型灌砂设备	大型灌砂设备
灌砂筒	储砂筒	直径/mm	100	150	200
		容积/mm³	2121	4771	8482
	流砂孔	直径/mm	10	15	20
标定罐	金属标定罐	内径/mm	100	150	200
		外径/mm	150	200	250
基板	金属方盘基板	边长/mm	350	400	450
		深/mm	40	50	60
	中孔	直径/mm	100	150	200
	板厚	厚/mm	≥1.0（铁）	≥1.0（铁）	≥1.0（铁）
			≥1.2（铝合金）	≥1.2（铝合金）	≥1.2（铝合金）

注：储砂筒的容积可根据检测层厚度适当调整，其他指标不变，以保证灌砂过程连续。

灌砂筒的选择：在测试前，应根据填料粒径及测试层厚度选择不同尺寸的灌砂筒，并应符合表 4.1-4 的规定。

灌砂筒类型　　　　表 4.1-4

灌砂筒直径/mm	填料最大粒径/mm	适宜的测试层厚度/mm
100	<13.2	≤150
150	<31.5	≤200

灌砂筒直径/mm	填料最大粒径/mm	适宜的测试层厚度/mm
200	< 63	≤ 300
≥ 250	≤ 100	≤ 400

（4）玻璃板：边长约 500～600mm 的方形板。

（5）试样盘和铝盒：小筒挖出的试样可用铝盒存放，大筒挖出的试样可用 300mm × 500mm × 40mm 的搪瓷试样盘存放。

（6）电子秤：分度值不大于 1g。

（7）电子天平：用于含水率测量时，对细粒土、中粒土、粗粒土的分度值宜分别为 0.01g、0.1g、1.0g。

（8）含水率测试设备：如铝盒、烘箱、微波炉等。

（9）量砂：粒径 0.3～0.6mm 清洁干燥的砂，约 20～40kg。使用前须洗净、烘干，筛分至符合要求并放置 24h 以上，使其与空气的湿度达到平衡。

（10）盛砂的容器：塑料桶等。

（11）温度计：分度值不大于 1℃。

（12）其他：凿子、改锥、铁锤、长把勺、长把小簸箕、毛刷等。

4.1.1.4　检测步骤以及结果计算

采用挖坑灌砂法检测土路基压实度时（图 4.1-2），检测步骤及结果计算参照 3.2 节中挖坑灌砂法检测基层与底基层压实度的相关内容。

图 4.1-2　挖坑灌砂法检测土路基压实度

4.1.1.5　检测报告

土路基压实度检测报告应符合行业标准《城镇道路工程施工与质量验收规范》CJJ 1—2008、《公路路基路面现场测试规程》JTG 3450—2019、《公路工程质量检验评定标准 第一册 土建工程》JTG F80/1—2017 的相关要求，检测报告的主要内容包括：

（1）测试位置信息（桩号、层位等）。

（2）干密度、最大干密度。

（3）压实度。

4.1.2　环刀测试压实度法

4.1.2.1　试验范围

在道路工程现场用环刀法测定土基及路面材料的密度及压实度，现场测试细粒土及龄期不超过 2d 的无机结合料稳定细粒土结构的密度，并计算施工压实度，以评价结构层的压实质量。

4.1.2.2　试验原理

环刀法是用已知质量及容积的环刀，切取土样，称重后减去环刀质量即得土的质量，环刀的容积即为土的体积　进而可求得土的密度。测定环刀的质量及体积，切取土样将环刀刃口向下置于土样上，将环刀垂直下压，并用切土力沿环刀外侧切，擦净环刀外壁，称环刀＋土样质量。

4.1.2.3　检测依据

目前环刀测定压实度法的检测依据主要有：
（1）行业标准《公路路基路面现场测试规程》JTG 3450—2019；
（2）行业标准《公路工程质量检验评定标准　第一册　土建工程》JTG F80/1—2017；
（3）行业标准《城镇道路工程施工与质量验收规范》CJJ 1—2008。

4.1.2.4　检测仪器及技术要求

依据检测规范的不同，采用的检测设备以及检测步骤也不同，下面分别介绍依据国家标准《土工试验方法标准》GB/T 50123—2019 以及行业标准《公路路基路面现场测试规程》JTG 3450—2019 检测相关要求。

1）依据国家标准《土工试验方法标准》GB/T 50123—2019 的相关要求，环刀测试土路基压实度法的检测仪器及技术要求如下：
（1）环刀：尺寸参数应符合国家现行标准《岩土工程仪器基本参数及通用技术条件》GB/T 15406 的规定。
（2）天平：称量 500g　分度值 0.1g；称量 200g，分度值 0.01g。
（3）本试验应进行两次平行测定，其最大允许平行差值应为 ±0.03g/cm³。取其算术平均值。
2）依据行业标准《公路路基路面现场测试规程》JTG 3450—2019 的相关要求时，环刀测试土路基压实度法的检测仪器及技术要求如下：
（1）人工取土器：包括环刀、环盖、定向筒和击实锤系统（导杆、落锤、手柄）。环刀内径 6～8cm，高 2～5.4cm，壁厚 1.5～2mm。
（2）电动取土器：如图 4.1-3 所示，由底座、立柱、升降机构、取芯机构、动力和传动机构组成。
①底座：由底座平台、定位销、行走轮组成。平台是整个仪器的支撑基础；定位销用于操作时定位；行走轮用于换点时仪器近距离移动，当定位时四个轮子可扳起。

②立柱：由立柱与立柱套组成，装在底座平台上，作为升降机构、取芯机构、动力和传动机构的支架。

③升降机构：由升降手轮、锁紧手柄组成，用于调整取芯机构高度。松开锁紧手柄，转动升降手轮，取芯机构即可升降到所需位置，然后拧紧手柄定位。

④取芯机构：由取芯头、升降轴组成。取芯头为金属圆筒，下口对称焊接两个合金钢切削刀头，上口端面焊有平盖，其上焊螺母，靠螺纹接于升降轴上。取芯头有三种规格：50mm×50mm、70mm×70mm、100mm×100mm，取芯头可更换。配件应包括：取芯套筒、扳手、铝盒等。

⑤动力和传动机构：主要由直流电机、调速器、齿轮箱组成。配件应包括电瓶和充电器。

（3）天平：分度值不大于0.01g。

（4）其他：镐、小铁锹、修土刀、毛刷、直尺、钢丝锯、凡士林、木板及测试含水率的设备等。

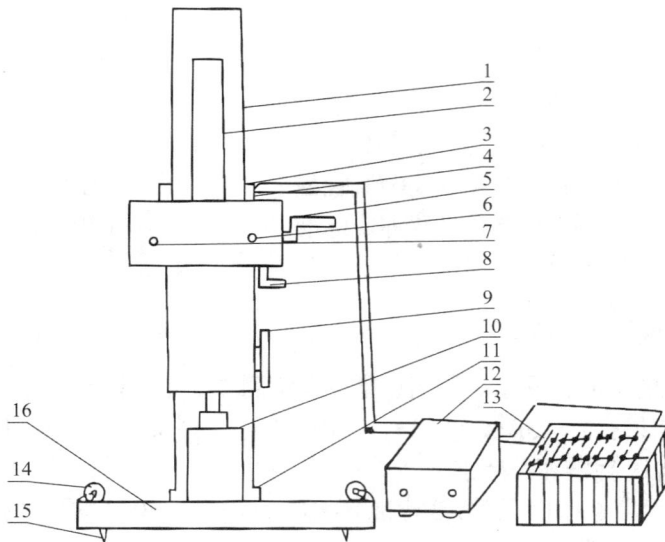

图 4.1-3 电动取土器

1—立柱；2—升降轴；3—电源输入；4—直流电机；5—升降手柄；6—电源指示；
7—电源指示；8—锁紧手柄；9—升降手轮；10—取芯头；11—立柱套；12—调速器；
13—电瓶；14—行走轮；15—定位销；16—底座平台

4.1.2.5 检测步骤

1）依据国家标准《土工试验方法标准》GB/T 50123—2019，环刀法试验应按下列步骤进行：

（1）按工程需要取原状土试样时，应在环刀内壁薄涂一层凡士林，刃口向下放在试样上，将环刀垂直下压。

（2）用切土刀（或钢丝锯）将土样削成略大于环刀直径的土柱，并用切土刀沿环刀外侧切削土样，边压边削，至土样高出环刀为止。根据试样的硬度采用钢丝锯或者切土刀修平，并称取环刀与土的总质量。

（3）取剩余的代表性土样测定含水率。

（4）擦净环刀外壁称量，精确至 0.1g。

2）参照行业标准《公路路基路面现场测试规程》JTG 3450—2019，对结构层填料进行击实试验，得到最大干密度及最佳含水率，并在现场选取位置相邻的两处作为平行试验的测点，其步骤如下：

（1）用人工取土器测试黏性土及无机结合料稳定细粒土密度

①擦净环刀，称取环刀质量M_2，精确至 0.1g。

②在试验地点将面积约 30cm × 30cm 的地面清扫干净，并铲去压实层表面浮动及不平整的部分。

③将定向筒齿钉固定于铲平的地面上。依次将环刀、环盖放入定向筒内，与地面垂直。

④使导杆保持竖直状态，用取土器击实锤将环刀打入压实层中。进行施工过程控制或质量评定时，环刀中部处于压实层厚的 1/2 深度；用于其他测试时，可按其要求深度取样。

⑤去掉击实锤和定向筒，用镐将环刀及试样挖出。

⑥轻轻取下环盖，用修土刀削去环刀两端余土，用直尺测试直至表面平整。

⑦擦净环刀外壁，用天平称取环刀及试样合计质量M_1，精确至 0.01g。

⑧自环刀中取出试样，取具有代表性的试样（不少于 100g），测试其含水率w。含水率测试应参照行业标准《公路土工试验规程》JTG 3430—2020 的有关规定。

（2）用人工取土器测试砂性土或砂层密度

①如测试湿润的砂土，试验时不宜使用击实锤和定向筒。应在铲平的地面上，挖出一个直径较环刀外径略大的砂土柱，将环刀刃口向下，平置于砂土柱上，用两手平稳地将环刀垂直压下，环刀中部处于压实层厚的 1/2 深度。

②削掉环刀口上的多余砂土，并用直尺刮平。

③在环刀上方盖一块平滑的木板，一手按住木板，另一手用小铁锹将试样从环刀底部切断，然后将装满试样的环刀反转过来，削去环刀刃口上部的多余砂土，并用直尺刮平。

④擦净环刀外壁，称环刀与试样总质量M_1，精确至 0.01g。

⑤自环刀中取具有代表性的试样（不少于 100g）测试其含水率。含水率测试应参照《公路土工试验规程》JTG 3430—2020 的有关规定。

⑥干燥的砂土不能挖成砂土柱时，可直接将环刀压入或打入土中至第①步要求的深度。

（3）用电动取土器测试无机结合料细粒土和硬塑土密度

①装上所需规格的取芯头。在施工现场取芯前，选择一块平整的路段，将 4 只行走轮扳起，采用人工加压的方法，将 4 根定位销钉压入路基土层中。松开锁紧手柄，旋动升降手轮，使取芯头刚好与土层接触，锁紧手柄。

②将电瓶与调速器接道，调速器的输出端接入取芯机电源插口。指示灯亮，表示电路已通；启动开关，电机带动取芯机构转动。根据土层含水率调节转速，操作升降手柄至本节前述第（1）条第④项规定的深度，上提取芯机构，停机，移开电动取土器。将取芯套筒套在切削好的土芯立柱上，摇动即可取出样品。

③取出样品，立即按取芯套筒长度用修土刀或钢丝锯修平两端，制成所需规格土芯，如拟进行其他试验项目，装入密封盒中，送实验室备用。

④称量土芯 + 套筒质量M_1，从土芯中心处取试样测试含水率。

⑤现场检测作业时填写原始记录表，如表 4.1-5 所示。

环刀法试验压实度现场原始记录表 表 4.1-5

工程名称											
工程部位/用途											
样品信息											
试验日期				试验条件							
检测依据				判定依据							
仪器设备名称编号											
委托编号				检测编号							
检测范围				使用材料							
标准或设计要求值				最大干密度							
序号											
测点桩号											
环刀 + 土样质量/g											
环刀质量/g											
环刀容积/cm³											
盒号											
盒质量/g											
盒 + 湿料质量/g											
盒 + 干料质量/g											

4.1.2.6　结果计算

1）参照行业标准《公路路基路面现场测试规程》JTG 3450—2019，环刀法测试土路基压实度应按以下公式计算：

（1）按下式计算试样的湿密度及干密度。

$$\rho = \frac{4 \times (M_1 - M_2)}{\pi d^2 h}$$

$$\rho_\mathrm{d} = \frac{\rho}{1 + 0.01w}$$

式中：ρ——试样的湿密度（g/cm³）；

$\quad M_1$——环刀或取芯套筒与试样总质量（g）；

$\quad M_2$——环刀或取芯套筒质量（g）；

$\quad d$——环刀或取芯套筒直径（cm）；

$\quad h$——环刀或取芯套筒高度（cm）；

$\quad \rho_\mathrm{d}$——试样的干密度（g/cm³）；

$\quad w$——试样的含水率（%）。

（2）按下式计算试件玉实度

$$K = \frac{\rho_d}{c} \times 100$$

式中： c ——由击实试验得到的材料最大干密度（g/cm³）。

（3）计算两次平行试验结果的差值，若不大于 0.03g/cm³，取其算术平均值作为测试结果；若大于 0.03g/cm³，则重新测试。

2）按照国家标准《土工试验方法标准》GB/T 50123—2019，环刀法测试土路基压实度应按以下公式计算。

（1）密度及干密度应变下列公式计算，精确至 0.01g/cm³

$$\rho = \frac{m_0}{V}$$

$$\rho_d = \frac{\rho}{1 + 0.01w}$$

式中： ρ ——试样的湿密度（g/cm³）；

ρ_d ——试样的干密度（g/cm³）；

V ——环刀容积（cm³）；

w ——含水率（%）；

m_0 ——天然湿土质量（g）。

（2）本试验应进行两次平行测定，其最大允许平行差值应为±0.03g/cm³，取其算术平均值。

4.1.2.7 检测报告

土路基压实度检测报告应符合行业标准《城镇道路工程施工与质量验收规范》CJJ 1—2008、《公路路基路面现场测试规程》JTG 3450—2019、《公路工程质量检验评定标准 第一册 土建工程》JTG F80/1—2017 的相关要求，如表 4.1-6 所示，检测报告的主要内容包括：

（1）测点位置信息（桩号、层位等）。

（2）试样干密度、最大干密度、压实度。

现场检测报告模板如表 4.1-6 所示。

压实度试验报告   表 4.1-6

报告编号			
委托单位		工程名称	
工程部位			
样品信息			
检测依据		判定依据	
仪器名称编号			
检测方法		标准或设计要求值	
检测范围		最大干密度/（g/cm³）	

续表

使用材料			试验日期		
委托编号			检测编号		
序号	里程桩号及位置	湿密度/（g/cm³）	含水率/%	干密度/（g/cm³）	压实度/%
检测结论					

4.2　弯沉

　　土路基作为道路结构层中的最基本承载结构，其承载能力与回弹变形能力对道路工程整体具有重要意义。而土路基路面的弯沉检测是通过对路面施加负荷来进行路面结构刚度和变形性能评估的方法，由此推导评定其承载能力，为其竣工验收质量评估以及后续维护和改进提供重要依据。土路基路面面层的回弹弯沉测试方法主要有贝克曼梁法。

　　关于土路基弯沉的检测频率，行业标准《城镇道路工程施工与质量验收规范》CJJ 1—2008 中的要求如表 4.2-1 所示，行业标准《公路工程质量检验评定标准 第一册 土建工程》JTG F80/1—2017 中的要求如表 4.2-2 所示。

《城镇道路工程施工与质量验收规范》检测频率要求　　　　表 4.2-1

序号	规定值或允许偏差	检测方法	检测频率
1	不应大于设计规定	弯沉仪法	每车道、每20m 测1点

《公路工程质量检验评定标准 第一册 土建工程》检测频率要求　　　　表 4.2-2

序号	规定值或允许偏差		检测方法	检测频率
	高速公路、一级公路	其他公路		
1	不大于设计验收弯沉值		贝克曼梁法	80 点
备注			以上检测点数均针对单一双车道评定路段（不超过 1km），对于多车道公路，应按车道数与双车道之比相应地增加测点	

4.2.1　贝克曼梁法

4.2.1.1　检测范围

　　本方法适用于检测路基及土路基的回弹弯沉，通过测量土路基受到静态荷载作用时的表面变形，表征土路基面层承载能力及变形性能。但是需要注意，本方法不适用于路基解冻后的检测。

4.2.1.2　检测依据

目前土路基弯沉的检测依据主要有：

（1）行业标准《城镇道路工程施工与质量验收规范》CJJ 1—2008。

（2）行业标准《公路工程质量检验评定标准　第一册　土建工程》JTG F80/1—2017。

（3）行业标准《公路路基路面现场测试规程》JTG 3450—2019。

（4）行业标准《公路土路基施工技术规范》JTG F40—2004。

（5）行业标准《公路沥青路面设计规范》JTG D50—2017。

4.2.1.3　检测仪器及技术要求

采用贝克曼梁法进行土路基弯沉检测需要下列仪器与工具：

（1）标准车：双轴、后轴双侧 4 轮的载重车，单后轴、单侧双轮组的载重车，双轮轮隙应能满足自由插入贝克曼梁测头的要求，同时其标准轴荷载、轮胎尺寸、轮胎间隙及轮胎气压等主要参数应符合表 1.1-3 的要求。测试车应采用后轴 10t 标准轴载 BZZ-100 的汽车。

（2）贝克曼梁：由合金铝制成，上有水准泡，其前臂（接触路面）与后臂（装百分表）长度比为 2∶1。弯沉仪长度有两种：一种长 3.6m，前后臂分别为 2.4m 和 1.2m；另一种加长的弯沉仪长 5.4m，前后臂分别为 3.6m 和 1.8m。土路基检测应采用长度为 5.4m 的贝克曼梁弯沉仪。

（3）百分表及表架。

（4）接触式路表温度计：端部为平头，分度值不大于 1℃。

（5）其他：钢直尺等。

4.2.1.4　检测步骤及修正

采用贝克曼梁法检测土路基的检测步骤，参照 1.1 节中相关内容，同时根据行业标准《公路路基路面现场测试规程》JTG 3450—2019 中贝克曼梁的相关要求，土路基只能采用长度为 5.4m 的弯沉仪，故可不进行支点变形修正。

4.2.1.5　结果计算

（1）土路基测点的回弹弯沉值按本书式(1.1-1)计算。

（2）计算一个测试路段的回弹弯沉平均值、标准差及代表值。

①回弹弯沉平均值、标准差及代表值可参照本书附录 B 的检测路段数据统计方法进行计算。

②根据现行城镇道路报告的相关要求，土路基弯沉代表值为弯沉测量值的波动上限值，其计算方式也可参照行业标准《公路工程质量检验评定标准　第一册　土建工程》JTG F80/1—2017附录中的相关规定，参照第 1 章中贝克曼梁法测定沥青路面弯沉中的公式计算：

$$l_{\mathrm{r}} = (\bar{l} + \beta \cdot S)K_1K_3 \tag{4.2-1}$$

式中：l_{r}——弯沉代表值（0.01mm）；

$\bar{l}$——实测弯沉的平均值；

S——标准差；

K_1——湿度影响系数，路基顶面弯沉测定时，根据当地经验确定；

K_3——温度影响系数，路基顶面弯沉测定取 1；

β——目标可靠指标，由表 4.2-3 决定。

目标可靠指标 β 值　　　　　　　　表 4.2-3

公路等级	高速公路	一级公路	二级公路	三级公路	四级公路
目标可靠度/%	95	90	85	80	70
目标可靠指标β	1.65	1.28	1.04	0.84	0.52

4.2.1.6　工程检测实例

【案例】对某道路工程项目新建道路 A 桩号 K1＋100～K1＋200 段土路基进行弯沉试验，试验长度为 100m，城镇道路等级为主干道。本次试验中采用贝克曼梁法对待检路段 A 进行检测。

（1）基本信息

试验前现场平均气温为 32℃，左侧前轮气压 0.71MPa，右侧前轮 0.69MPa，左侧左后轮为 0.74MPa，左侧右后轮为 0.68MPa，右侧左后轮为 0.73MPa，右侧右后轮为 0.66MPa，后轴重为 10.01t（此处重力加速取值为 9.98N/kg），单轮传压面当量圆面积为 3.64 × 10^4mm²，满足规范要求。采用 5.4m 贝克曼梁进行检测。

（2）现场数据记录

现场弯沉检测百分表示值见表 4.2-4。

现场弯沉检测百分表示值　　　　　　　　表 4.2-4

序号	桩号	加载读数/0.01mm	卸载读数/0.01mm
1	K1＋105 左幅第一车道	781	673
2	K1＋125 左幅第一车道	802	695
3	K1＋145 左幅第一车道	711	626
4	K1＋165 左幅第一车道	573	459
5	K1＋185 左幅第一车道	662	576
6	K1＋190 右幅第一车道	847	744
7	K1＋170 右幅第一车道	678	599
8	K1＋150 右幅第一车道	829	749
9	K1＋130 右幅第一车道	484	394
10	K1＋110 右幅第一车道	712	614

（3）支点修正

由于本次贝克曼梁法测定土路基路面弯沉采用 5.4m 贝克曼梁，故不需要进行贝克曼梁的支点修正。

（4）计算回弹弯沉

计算该路基的弯沉值，该路段共检测 10 个点，弯沉计算值见表 4.2-5。

路面现场弯沉检测计算值

表 4.2-5

序号	桩号	加载读数/0.01mm	卸载读数/0.01mm	弯沉值/0.01mm
1	K1 + 105 左幅第一车道	781	673	216
2	K1 + 125 左幅第一车道	802	695	214
3	K1 + 145 左幅第一车道	711	626	170
4	K1 + 165 左幅第一车道	573	459	228
5	K1 + 185 左幅第一车道	662	576	172
6	K1 + 190 右幅第一车道	847	744	206
7	K1 + 170 右幅第一车道	678	599	158
8	K1 + 150 右幅第一车道	829	749	160
9	K1 + 130 右幅第一车道	484	394	180
10	K1 + 110 右幅第一车道	712	614	196
平均值/0.01mm				190

根据现行城镇道路报告的相关要求，参照行业标准《公路路基路面现场测试规程》JTG 3450—2019 和《公路工程质量检验评定标准 第一册 土建工程》JTG F80/1—2017 附录中的相关规定，计算该测试路段的回弹弯沉平均值、标准差及代表值。

计算得到弯沉平均值为 190（0.01mm），标准差 $S = 25.25$（0.01mm）；由于新建路段 A 道路等级为城镇主干道，参照表 1.1-5 相关要求，目标可靠指标值 $\beta = 1.28$，根据当地经验，湿度修正系数 K_1 取 1，温度影响系数 $K_3 = 1$。

计算可得该路段弯沉代表值 $l_r = 222.32$（0.01mm）。

综上可得，本次检测统计点共 10 个，回弹弯沉平均值为 190（0.01mm），标准差为 25.25（0.01mm），代表弯沉值为 222.32（0.01mm）。由于该段道路弯沉设计值为 266.2（0.01mm），故本项目新建道路 A 桩号 K1 + 100～K1 + 200 段土路基弯沉值符合设计要求。

4.2.1.7 检测报告

弯沉检测的正式报告应符合行业标准《城镇道路工程施工与质量验收规范》CJJ 1—2008、《公路路基路面现场测试规程》JTG 3450—2019、《公路工程质量检验评定标准 第一册 土建工程》JTG F80/1—2017 的相关要求，检测报告的主要内容包括：

（1）测试路段信息（桩号、路面结构层材料类型及设计厚度等）。

（2）土路基的回弹弯沉值。

（3）测试路段的回弹弯沉平均值、标准差及代表值。

参照上述工程实例，现场检测报告模板如表 4.2-6 所示。

路基路面弯沉试验检测报告（贝克曼梁法） 表 4.2-6

委托单位			工程名称	某道路工程项目	
工程部位			新建道路 A		
样品信息			表面洁净、平整		
检测依据		JTG 3450—2019	判定依据	图纸设计	
设备名称编号		弯沉仪/	百分表/	温度计/	
委托编号			检测编号		
试验温度		40℃	车辆参数	后轴 = 10.02t，轮胎气压 = 0.70MPa	
测试车型		BZZ-100	结构类型	土路基	
道路等级		主干道			
设计弯沉值		266.2/0.01mm	试验日期	2024 年 1 月 3 日	
桩号及车道	弯沉值/0.01mm		桩号及车道	弯沉值/0.01mm	
	左轮	右轮		左轮	右轮
K1 + 105	216		K1 + 190	206	
K1 + 125	214		K1 + 170	158	
K1 + 145	170		K1 + 150	160	
K1 + 165	228		K1 + 130	180	
K1 + 185	172		K1 + 110	196	
检测结果	统计点数	10		平均值/0.01mm	190
	目标可靠性指标 β	1.28		标准差/0.01mm	25.25
	湿度影响系数 K_1	1		代表弯沉值/0.01mm	222.32
	温度影响系数 K_3	1			
	结论	本次共检测 10 点，该路段弯沉符合设计要求			

4.3 土基回弹模量

土基回弹模量是指路基重复加、卸载试验中，某一应力级位条件下，卸载阶段的竖向应力与对应回弹应变的比值。它是土基的一项重要指标，反映了土基的承载能力和稳定性。在路面设计和施工中，土基回弹模量是确定路面结构层厚度和强度的重要参数，对于保证路面的安全性和耐久性具有重要意义。土基回弹模量检测分为室内试验和现场试验，本节主要介绍现场的土基回弹模量试验方法，土基回弹模量测试方法主要分为：

（1）承载板检测土基回弹模量法。

（2）贝克曼梁检测路基路面回弹模量法。

（3）落球仪检测土质路基模量法。

（4）落锤式弯沉仪检测路基路面回弹模量法。

承载板测试土基回弹模量法和贝克曼梁测试路基路面回弹模量法是道路工程日常检测中最常见的土基回弹模量检测方法，本节介绍这两种方法。

4.3.1　承载板检测土基回弹模量法

4.3.1.1　适用范围

适用于现场土基表面，通过承载板对土基逐级加载、卸载，测出每级荷载下相应的土基回弹变形值，通过计算求得土基回弹模量。

4.3.1.2　试验原理

承载板法测定土基回弹模量的原理是：在现场土基表面，通过采用刚性承载板，对土基逐级加载、卸载，测出每级荷载下相应的土基回弹变形，再根据弹性半空间体理论计算土基的回弹模量。

4.3.1.3　检测依据

土基回弹模量检测应符合国家、行业、地方等标准以及建设单位、政府文件的相关规定要求。目前土基回弹模量的检测依据主要有：

（1）行业标准《城镇道路工程施工与质量验收规范》CJJ 1—2008。

（2）行业标准《城市道路路基设计规范》CJJ 194—2013。

（3）行业标准《公路路基路面现场测试规程》JTG 3450—2019。

（4）行业标准《公路路基施工技术规范》JTG/T 3610—2019。

（5）行业标准《公路工程质量检验评定标准　第一册　土建工程》JTG F80/1—2017。

4.3.1.4　检测仪器及技术要求

本方法需要下列仪器与工具：

（1）反力装置：载重汽车后轴重不小于 60kN，在汽车大梁的后轴之后设一加劲横梁作为反力架。

（2）荷载装置，如图 4.3-1 所示，由千斤顶、测力计（测力环或压力表）及球座组成。

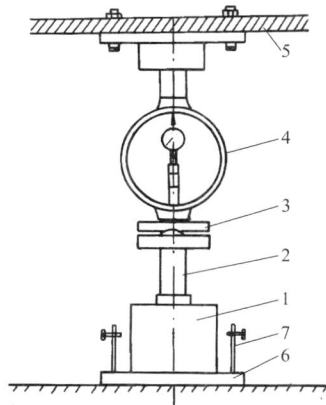

图 4.3-1　承载板试验现场测试装置示意图

1—千斤顶；2—钢圆筒；3—钢板及球座；4—测力计；5—加劲横梁；6—承载板；7—立柱及支座

（3）刚性承载板一块，板厚 20mm，直径为 300mm，直径两端设有立柱和可以调整高度的支座，以放置贝克曼梁测头，承载板放置在土基表面上。

（4）贝克曼梁、百分表及其支架 2 套。

（5）液压千斤顶一台，80～100kN，装有压力表或测力环，其量程不小于土基强度，测试精度不小于测力计量程的 1%。

（6）秒表。

（7）水平尺。

（8）其他：细砂、毛刷、垂球、镐、铁锹、铲等。

4.3.1.5 检测步骤

1）准备工作

（1）根据需要选择有代表性的测点，测点应位于水平的路基上，土质均匀，不含杂物。

（2）平整土基表面，撒干燥洁净的细砂填平土基凹处，砂子不可覆盖全部土基表面，避免形成夹层。

（3）安置承载板，并用水平尺进行校正，使承载板处于水平状态。

（4）将试验车放置在测点上，在加劲横梁中部悬挂垂球测试，使之恰好对准承载板中心，然后收起垂球。

（5）在承载板上安放千斤顶，上面衬垫钢圆筒、钢板，并将球座置于顶部与加劲横梁接触，用测力环时，应将测力环置于千斤顶与横梁中间，千斤顶及衬垫物必须保持垂直，以免加压时千斤顶倾倒发生事故并影响数据的准确性。

（6）将两台贝克曼梁的测头分别放置在承载板立柱的支座上。

2）测试步骤

（1）用千斤顶加载，注视测力环或压力表，至预压 0.05MPa，稳压 1min，使承载板与土基紧密接触，同时检查百分表的工作情况是否正常，然后放松千斤顶油门卸载，稳压 1min 后将百分表调零或其他合适的初始位置上，记录初始读数。

（2）测试土基的压力-变形曲线。用千斤顶加载，采用逐级加载卸载法，用压力表或测力环控制加载量，荷载小于 0.1MPa 时，每级增加 0.02MPa，以后每级增加 0.04MPa 左右。为了使加载和计算方便，加载数值可调整为整数。每次加载至预定荷载（P）后，稳定 1min，立即读记两个百分表数值，然后轻轻放开千斤顶油门卸载至 0，待卸载后稳定 1min，再次读数，每次卸载后百分表不再调零。当两个百分表读数之差小于平均值的 30% 时，取平均值；如超过 30%，则应重测。当回弹变形值超过 1mm 时，即可停止加载。

（3）各级荷载的回弹变形和总变形，按以下方法计算。

回弹变形 = (加载后读数平均值 − 卸载后读数平均值) × 贝克曼梁杠杆比

总变形 = (加载后读数平均值 − 加载初始前读数平均值) × 贝克曼梁杠杆比

（4）最后一次加载卸载循环结束后，取走千斤顶，重新读取百分表初读数，然后将汽车开至 10m 以外，读取终读数，按以下方法计算总影响量 a。

总影响量(a) = (百分表初读数平均值 − 百分表终读数平均值) × 贝克曼梁杠杆比

（5）在试验点下取样，测试材料含水率。取样数量如下。

最大粒径不大于 1.75mm，试样数量约 120g；最大粒径不大于 19.0mm，试样数量约

250g；最大粒径不大于3⌐.5mm，试样数量约500g。

（6）在紧靠试验点旁力的适当位置，用灌砂法或环刀法等测试土基的密度。

（7）现场检测作业时真写原始记录表，如表4.3-1所示。

承载板法测定土基回弹模量现场记录表   表 4.3-1

工程名称									
工程部位/用途									
样品信息									
试验日期				试验条件					
检测依据				判定依据					
仪器设备编号									
委托编号				检测编号					
检测车辆参数				承载板直径					
泊松比				试验日期					

工况	荷载 P/kN	压力表读数/MPa	承载板压力 P/MPa	百分表读数/0.01mm						回弹变形/0.01mm
				加载前		加载后		卸载后		
				表1	表2	表1	表2	表1	表2	

测定总影响量	百分表读数/0.01mm						结果值/0.01mm
	初读数			初读数			
	表1		表2	表1		表2	

4.3.1.6 数据处理

1）影响量计算

各级压力下的影响量 a_i，按下式计算

$$a_i = \frac{(T_1 + T_2)\pi D^2 p_i}{4T_1 Q} \cdot a$$

式中：a_i——该级压力的分级影响量（0.01mm）；

T_1——载重汽车前后轴距（m）；

T_2——加劲小梁距后轴距离（m）；

D——承载板直径（m），记为 0.3m；

p_i——第 i 级承载板压力（Pa）；

a——总影响量（0.01mm）；

Q——载重汽车后轴重（N）。

2）数据处理

（1）回弹变形计算值（L_i）为各级压力的回弹变形值加上该级的影响量。排除显著偏离的异常点，绘出顺滑的 p-L 曲线，如曲线起始部分出现反弯点，应按图 4.3-2 修正原点 O，O' 则是修正后的原点。

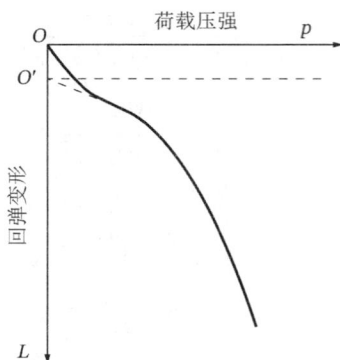

图 4.3-2 修正原点

（2）按下式计算各级荷载下的土基回弹模量 E_i 值。

$$E_i = \frac{\pi D}{4} \cdot \frac{p_i}{L_i}(1 - \mu_0^2)$$

式中：E_i——第 i 级荷载下的土基回弹模量（MPa）；

μ_0——土的泊松比，根据《公路沥青路面设计规范》JTG D50—2017 规定取用，当无规定时，非黏性土可取 0.30，高黏性土取 0.50；一般可取 0.35 或 0.40；

L_i——荷载 p_i 作用下的第 i 级回弹变形计算值（cm）。

（3）取结束试验前的各级回弹变形计算值，按线性回归方法计算土基回弹模量 E_0 值，计算公式如下。

$$E_0 = \frac{\pi D}{4} \cdot \frac{\sum\limits_i p_i}{\sum\limits_i L_i}(1 - \mu_0^2)$$

4.3.1.7 检测案例分析

【案例】对某新建主干道项目新建道路 A 桩号 K1 + 440～K2 + 320 段土路基顶面进行承载板测土基回弹模量检测，设计回弹模量 ≥ 30MPa，泊松比为 0.4，载重车后轴重为 98kN，前后轴距为 3.9m，加劲梁距后轴 0.9m。

（1）基本信息

测定层级为路基顶面，测定采用车型为 BZZ-100，承载板直径为 300mm，均满足行业标准《公路路基路面现场测试规程》JTG 3450—2019 中的要求。

（2）现场检测数据

现场检测数据如表 4.3-2 所示：

土基回弹模量范例检测数据　　　　　　　　　　表 4.3-2

序号	承载板压力/MPa	加载后表读数/×10⁻²mm	卸载后表读数/×10⁻²mm
		两个百分表平均值	两个百分表平均值
1	0.02	559	558
2	0.04	559	558
3	0.06	564	561
4	0.08	573	564
5	0.1	583	570
6	0.14	600	577
7	0.18	617	582
8	0.22	647	596
预压 0.05MPa，卸载后初始读数平均值/0.01mm		取走千斤顶后读数平均值/0.01mm	开走汽车后读数平均值/0.01mm
558		597	589

根据检测数据计算总影响量，计算各级荷载下的总变形、回弹变形、分级影响量、计算回弹变形以及分级回弹模量，检测结果如表 4.3-3 所示，最终确定土基回弹模量 $E_0 = 58$MPa。

承载板测土基回弹模量范例检测结果　　　　　　　　表 4.3-3

序号	承载板压力/MPa	总变形/0.01mm	回弹变形/0.01mm	分级影响量/0.01mm	计算回弹变形/0.01mm	分级回弹模量 E_i/MPa
1	0.02	$(559-558) \times 2 = 2$	$(559-558) \times 2 = 2$	0	$(2+0) = 2$	198
2	0.04	2	2	1	3	264
3	0.06	12	6	1	7	170
4	0.08	30	18	1	19	83
5	0.10	50	26	1	27	73
6	0.14	84	46	2	48	58
7	0.18	113	70	3	73	49
8	0.22	173	102	4	106	41
总影响量 a/0.01mm		$(597-589) \times 2 = 16$		E_0/MPa		58

承载板压力为 0.02MPa 时的分级影响量：

$$a_1 = \frac{(3.9 + 0.9) \times 0.3^2 \times 0.02 \times 10^6 \pi}{4 \times 3.9 \times 98 \times 10^3} \times 16 = 0$$

承载板压力为 0.02MPa 时的分级回弹模量：

$$a_1 = \frac{0.3\pi}{4} \times \frac{0.02 \times 10^6}{2 \times 10} \times (1 - 0.4^2) \approx 198MPa$$

该段土基回弹模量 E_0：

$$E_0 = \frac{\pi D}{4} \cdot \frac{\sum p_i}{\sum L_i}(1 - \mu_0^2) = 58MPa$$

由于 58MPa > 30MPa，故该段土基回弹模量符合设计要求。

4.3.1.8 检测报告

承载板测试土基回弹模量检测报告应符合行业标准《城镇道路工程施工与质量验收规范》CJJ 1—2008、《公路路基路面现场测试规程》JTG 3450—2019、《公路工程质量检验评定标准 第一册 土建工程》JTG F80/1—2017 的相关要求，检测报告应包括以下内容：

（1）测试位置信息（桩号等）。

（2）试验时土基的含水率、土基密度。

（3）回弹变形、影响量及土基回弹模量。

参照上述工程案例分析，现场检测报告模板如表 4.3-4 所示。

路基路面土基回弹模量检测报告（承载板法）　　　　表 4.3-4

施工/委托单位			工程名称			某道路工程	
工程部位/用途		新建道路 A					
样品信息		表面洁净、平整、干燥					
检测依据		JTG 3450—2019		判定依据		CJJ 1—2008、设计文件	
主要仪器设备名称及编号		承载板/　　百分表/　　贝克曼梁/					
委托编号				检测编号			
委托日期		2024 年 1 月 3 日		试验日期		2024 年 1 月 3 日	
路面结构		路基		结构层		土路基	
检测车辆		BZZ-100		承载板直径		300mm	
土的泊松比		0.4		土基含水率		10.2%	
土基密度		4.5%		土基压实度		92.3%	
工况	荷载P/kN	承载板压力P/MPa	总变形/0.01mm	回弹变形/0.01mm	分级影响量/0.01mm	计算回弹变形/0.01mm	E_i/MPa	E_0/MPa
1	1.41	0.02	2	2	0	2	198	
2	2.83	0.04	2	2	1	3	264	58
3	4.24	0.06	12	6	1	7	170	

工况	荷载P/kN	承载板压力P/MPa	总变形/0.01mm	回弹变形/0.01mm	分级影响量/0.01mm	计算回弹变形/0.01mm	E_i/MPa	E_0/MPa
4	5.56	0.08	30	18	1	19	83	
5	7.07	0.10	50	26	1	27	73	
6	9.89	0.14	84	46	2	48	58	58
7	12.72	0.18	118	70	3	73	49	
8	15.54	0.22	178	102	4	106	41	
检测结论	经检测，K1+440～K2+320段土路基回弹模量符合设计要求							

4.3.1.9 注意事项

本方法属于静态回弹模量测试方法。现场测试级配碎（砾）石、沥青稳定碎石等柔性基层回弹模量可参考本方法。

4.3.2 贝克曼梁检测路基路面回弹模量法

4.3.2.1 适用范围

本方法适用于土基、厚度不小于1m的粒料整层表面，用贝克曼梁测试各测点的回弹弯沉值，通过计算求得该材料的回弹模量；也适用于在既有道路表面测试路基路面的综合回弹模量。

4.3.2.2 试验原理

贝克曼梁测定路基路面回弹模量的原理是：在土基或者厚度不小于1m的粒料整层表面，用弯沉仪测试数个测点的回弹弯沉值，根据圆形均布荷载作用下的弹性半无限体理论，计算该材料的回弹模量值。

4.3.2.3 检测仪器及技术要求

本方法需要下列仪器与工具：

（1）加载车、贝克曼梁、百分表及表架、路表温度计：按本书4.2.1节中贝克曼梁测试路基路面回弹弯沉方法的规定选用。

（2）其他：卷尺等。

4.3.2.4 检测步骤

（1）准备工作

在洁净的路基路面表面选择测点，在测点处做好标记并编号。

（2）测试步骤

用贝克曼梁测试路基路面回弹弯沉法测试各测点的路面回弹弯沉值L_i。现场检测作业时填写原始记录，如表4.3-5所示。

贝克曼梁法测定土基回弹模量现场记录表　　　　　表 4.3-5

记录编号			
工程名称			
工程部位/用途			
样品信息			
试验日期		试验条件	天气　　　　　， 地温　　　　℃
检测依据		判定依据	
主要仪器设备名称 及编号	弯沉仪/	百分表/	温度计/
委托编号		检测编号	
检测车辆		车辆参数	后轴 =　　　t, 轮胎气压 =　　　MPa
结构层名称		结构层厚度/mm	
公路等级		前 5 天平均温度/℃	

测点 桩号	路表 温度/℃	百分表读数/0.01mm				弯沉值/ 0.01mm		温度修正后弯沉 值/0.01mm		偏差绝对值/ 0.01mm		d_i/r_0	
		左侧轮 初始读数	右侧轮 初始读数	左侧轮 终始读数	右侧轮 终始读数	左	右	左	右	左	右	左	右

实测点数		平均值		标准差		自然误差	
弯沉代表值/ 0.01mm		平均垂直荷载/ MPa		泊松比		弯沉系数	

4.3.2.5　数据处理

1）计算

按附录 B 的方法，计算全部测试值的算术平均值（L）、标准差（S），并按下式计算自然误差（r_0）。

$$r_0 = 0.675 \times S$$

式中：r_0——回弹弯沉测试值的自然误差（0.01mm）；

　　　　S——弹弯沉测试值的标准差（0.01mm）。

2）数据处理

（1）计算各测点的测试值与算术平均值的偏差，并计算较大的偏差与自然误差之比 d_i/r_0。若某个测点观测值的 d_i/r_0 值大于表 4.3-6 中的 d/r 极限值，则应舍弃该测点。然后按本书附录 B 的方法，计算各测点的算术平均值（$\overline{L}$）及标准差（S）。

相应于测点总数 N 的 d/r 极限值　　　　表 4.3-6

N	5	10	15	20	50
d/r	2.5	2.9	3.2	3.3	3.8

（2）按下式计算代表弯沉值。

$$L_1 = \overline{L} + S$$

式中：L_1——代表弯沉值（0.01mm）；

$\overline{L}$——舍弃不符合要求的测点后所余测各点弯沉值的算术平均值（0.01mm）；

S——舍弃不符合要求的测点后所余测各点弯沉值的标准差（0.01mm）。

（3）土基、整层材料路基路面材料的回弹模量（E_1）或既有道路的综合回弹模量按下式计算。

$$E_1 = \frac{200P\delta}{L_1} \cdot (1-\mu^2)a$$

式中：E_1——计算的土基、整层材料路基路面材料的回弹模量或既有道路的综合回弹模量（MPa）；

P——测试车轮的平均垂直荷载（MPa）；

δ——测试用加载车双圆荷载单轮传压面当量圆的半径（mm）；

μ——测试层材料的泊松比，根据相关路面设计规范的规定取值；

a——弯沉系数，为 0.712。

4.3.2.6　工程案例分析

【案例】对某道路工程新建主干道项目于 A 桩号 K1 + 440～K1 + 580 段土路基顶面用贝克曼梁法检测土基回弹模量，设计回弹模量为 $E_1 \geq 30$MPa，泊松比为 0.4，所用加载车双圆荷载单轮压面当量圆半径为 106.5mm，车轮平均垂直荷载为 1.4MPa，检测数据如表 4.3-7 所示，判断该路段土基回弹模量是否符合设计要求。

贝克曼梁测土基回弹模量范例检测数据　　　　表 4.3-7

测点桩号	弯沉值/0.01mm		偏差绝对值 d_i/0.01mm		d_i/r_0	
	左	右	左	右	左	右
K1 + 440	184	166	27	9	1	0.3
K1 + 460	140	134	17	23	0.6	0.9
K1 + 480	232	200	75	43	2.8	1.6
K1 + 500	182	208	25	51	0.9	1.9
K1 + 520	122	174	35	17	1.3	0.6

测点桩号	弯沉值/0.01mm		偏差绝对值d_i/0.01mm		d_i/r_0	
	左	右	左	右	左	右
K1 + 540	138	100	19	57	0.7	2.1
K1 + 560	166	154	9	3	0.3	0.1
K1 + 580	92	116	65	41	2.4	1.5
平均值	157	标准差S	40	自然误差r_0	27	

根据本书 4.3.2.5 节中相关内容，计算新建主干道 A 桩号 K1 + 440～K1 + 580 段土路基回弹弯沉的算术平均值、标准差、自然误差、代表弯沉值以及对应的回弹模量。

该路段代表弯沉值计算可得：

$$L_1 = 157 + 40 = 197（0.01mm）$$

该路段回弹模量计算可得：

$$E_1 = \frac{200 \times 1.4 \times 106.5}{197} \times (1 - 0.4^2) \times 0.712 \approx 90.5\text{MPa}$$

由于 90.5MPa > 30MPa，该路段土基回弹模量符合设计要求。

4.3.2.7　检测报告

贝克曼梁法路基路面回弹模量检测报告应符合行业标准《城镇道路工程施工与质量验收规范》CJJ 1—2008、《公路路基路面现场测试规程》JTG 3450—2019、《公路工程质量检验评定标准 第一册 土建工程》JTG F80/1—2017 的相关要求，检测报告应包括以下内容：

（1）测试位置信息（桩号等）。

（2）回弹弯沉值及代表弯沉值。

（3）泊松比、回弹模量。

现场检测报告模板如表 4.3-8 所示。

路基路面回弹模量检测报告（贝克曼梁法）　　　　　　表 4.3-8

报告编号			
施工/委托单位		工程名称	某道路工程
工程部位/用途			
样品信息			
检测依据	JTG 3450—2019	判定依据	设计文件
主要仪器设备名称及编号	弯沉仪/	百分表/	温度计/
委托编号		检测编号	
路面温度	30	车辆参数	BZZ-100
设计回弹模量	30MPa	检测日期	

序号	里程桩号及位置	弯沉值/0.01mm		序号	里程桩号及位置	弯沉值/0.01mm	
		左轮	右轮			左轮	右轮
1	K1＋440	184	166		以下空白		
2	K1＋460	140	134				
3	K1＋480	232	200				
4	K1＋500	182	208				
5	K1＋520	122	174				
6	K1＋540	138	100				
7	K1＋560	166	154				
8	K1＋580	92	116				
	以下空白						
贝克曼梁测定回弹模量测试结果							
设计回弹模量/MPa	30	实测点数	8	有效点数	8	弯沉平均值	157
标准差 S	40	弯沉代表值/0.01mm	197	泊松比	0.4	回弹模量/MPa	90.5
检测结论	K1＋440～K1＋580 段土路基回弹模量满足设计要求						

第5章

排水管道工程

排水管道指汇集和排放污水、废水和雨水的管渠及其附属设施所组成的系统，包括干管、支管以及通往处理厂的管道。在实际工程项目中，确定排水管道工程的地基承载力、回填土压实度、背后土体密实性、严密性试验等参数是否符合相关工程领域的设计要求或质量标准，对评估排水工程的整体质量及其安全性、耐久性具有重要意义。本章介绍排水管道工程的地基承载力、回填土压实度、背后土体密实性、严密性试验等项目的检测依据、检测过程详细步骤、数据计算方法等，同时提供了各个参数对应的相关工程领域范例以及报告模板。

5.1 地基承载力试验

地基检测应根据地基类型、检测目的、检测方法的适应性、地基的设计要求、地质情况、地基处理工艺等合理选择检测方法，地基承载力试验方法主要有：

（1）圆锥动力触探试验。

（2）标准贯入试验。

（3）平板载荷试验。

（4）静力触探试验。

其中，圆锥动力触探试验是排水管道工程日常检测中最常见的地基承载力试验方法，本节介绍这种方法。

5.1.1 试验范围

本方法用于鉴别天然地基的岩土性状，推定其地基承载力；评价处理土地基的效果，推定其地基承载力；评价复合地基增强体的施工质量；评价强夯置换墩施工质量和着底情况。

5.1.2 试验原理

圆锥动力触探（DPT）是利用一定的锤击动能，将一定规格的圆锥探头打入土中，根据每打入土中一定深度所需的锤击数（或动贯入阻力）判别土层的变化，确定土层的工程性质，对地基土进行岩土工程评价的一种原位测试方法。圆锥动力触探试验的类型可分为轻型、重型和超重型，试验类型应根据岩土特性选择。

5.1.3 检测依据及频率

5.1.3.1 检测依据

不同行业的地基承载力检测依据不同，但应符合国家、行业、地方等标准以及建设单位、政府文件的相关规定。以建筑工程行业为例，目前广东省的地基承载力检测依据主要有：

（1）行业标准《建筑地基检测技术规范》JGJ 340—2015。

（2）广东省标准《建筑地基基础检测规范》DBJ/T 15-60—2019。

（3）国家标准《土工试验方法标准》GB/T 50123—2019。

5.1.3.2　检测数量

（1）广东省标准《建筑地基基础检测规范》DBJ/T 15-60—2019 第 3.2.7 条规定：应根据地基岩土性状或处理土地基类型，选择标准贯入试验、圆锥动力触探试验、静力触探试验、十字板剪切试验等一种或一种以上的方法进行检测；抽检数量为每 200m² 不应少于 1 个孔，且不得少于 10 孔，每个独立柱基不得少于 1 孔，基槽每 20 延米不得少于 1 孔。

（2）行业标准《建筑地基检测技术规范》JGJ 340—2015 第 8.1.2 条规定：采用圆锥动力触探试验对处理地基土质量进行验收检测时，单位工程检测数量不应少于 10 点，当面积超过 3000m² 应每 500m 增加 1 点；检测同一土层的试验有效数据不应少于 6 个。

5.1.4　检测仪器及技术要求

（1）根据触探类型，选择不同规格的动力触探装置，详见表 5.1-1。

圆锥动力触探试验设备规格　　　　　　　　　　　　　　　表 5.1-1

类型		轻型	重型	超重型
落锤	锤的质量/kg	10.0 ± 2	63.5 ± 0.5	120 ± 1
	落距/cm	50 ± 2	76 ± 2	100 ± 2
探头	直径/mm	40 ± 1	74 ± 1	74 ± 1
	锥角/°	60 ± 2	60 ± 2	60 ± 2
探杆	直径/mm	25 ± 1	42/5	50~60

（2）重型及超重型圆锥动力触探试验的落锤应采用自动脱钩装置。

（3）探杆应顺直，每节探杆相对弯曲宜小于 0.5%，丝扣完好无裂纹。

5.1.5　现场检测

1）圆锥动力触探试验应采用自动脱钩的自由落锤方式进行。

2）圆锥动力触探试验应符合下列规定：

（1）应连续锤击贯入，锤击速率宜为 15~30 击/min。

（2）轻型圆锥动力触探锤的落距应为 50cm，重型动力触探锤的落距应为 76cm，超重型动力触探锤的落距应为 100cm。

（3）试验时，应避免锤击偏心和侧向晃动，圆锥动力触探杆倾斜度不应大于 2%，如图 5.1-1 所示。

图 5.1-1　轻型圆锥动力触探示意图

（4）每贯入 1m，应将探杆转动一圈半。

（5）应及时记录试验点深度和锤击数：轻型圆锥动力触探记录每贯入 30cm 的锤击数记为N_{10}；重型圆锥动力触探记录每贯入 10cm 的锤击数记为$N'_{63.5}$；超重型圆锥动力触探记录每贯入 10cm 的锤击数记为N'_{120}。

3）对于轻型动力触探，当$N_{10} > 100$ 或贯入 15cm 的锤击数超过 50 时，可终止试验；贯入 15cm 且锤击数超过 50 时，轻型动力触探锤击数取 2 倍实际锤击数。

4）对于重型和超重型圆锥动力触探试验，当连续三次锤击数大于 50 时，应采用钻探法穿过硬夹层，继续试验直至达到设计要求深度。

5）当探头直径磨损大于 2mm 或锥尖高度磨损大于 5mm 时，应及时更换探头。

6）圆锥动力触探试验数据可按表 5.1-2 的格式记录。

圆锥动力触探试验数据记录表　　　　　　　　　　表 5.1-2

工程名称：		地基类型：		
检测孔编号：	工程地点：		年　月　日	
触探类型：□N_{10}　　□$N_{63.5}$　　□N_{120}				
深度	实测锤击数	修正锤击数	土层描述	备注

5.1.6　检测数据分析与判定

分析处理检测数据时应剔除异常值；轻型圆锥动力触探试验采用实测锤击数，重型和超重型圆锥动力触探试验采用修正锤击数，且修正锤击数应符合以下规定：

1）当采用重型圆锥动力触探推定地基土承载力或评价地基土密实度时，锤击数应按下式修正：

$$N_{63.5} = \alpha \cdot N'_{63.5}$$

式中：$N_{63.5}$——修正后的重型圆锥动力触探试验锤击数；

$\quad\quad N'_{63.5}$——实测重型圆锥动力触探试验锤击数；

$\quad\quad \alpha$——修正系数，按表 5.1-3 取值。

重型圆锥动力触探试验锤击数修正系数　　　　表 5.1-3

杆长/m	$N'_{63.5}$								
	5	10	15	20	25	30	35	40	≥ 50
2	1.00	1.00	1.00	1.00	1.00	1.00	1.00	1.00	—
4	0.96	0.95	0.93	0.92	0.90	0.89	0.87	0.86	0.84
6	0.93	0.90	0.88	0.85	0.83	0.81	0.79	0.78	0.75
8	0.90	0.86	0.83	0.80	0.77	0.75	0.73	0.71	0.67
10	0.88	0.83	0.79	0.75	0.72	0.69	0.67	0.64	0.61
12	0.85	0.79	0.75	0.70	0.67	0.64	0.61	0.59	0.55
14	0.82	0.76	0.71	0.66	0.62	0.58	0.56	0.53	0.50
16	0.79	0.73	0.67	0.62	0.57	0.54	0.51	0.48	0.45
18	0.77	0.70	0.63	0.57	0.53	0.49	0.46	0.43	0.40
20	0.75	0.67	0.59	0.53	0.48	0.44	0.41	0.39	0.36

2）当采用超重型圆锥动力触探评价碎石土（桩）密实度时，锤击数 N_{120} 应按下式修正：

$$N_{120} = \alpha \cdot N'_{120}$$

式中：N_{120}——修正后的超重型圆锥动力触探试验锤击数；

$\quad\quad N'_{120}$——实测超重型圆锥动力触探试验锤击数；

$\quad\quad \alpha$——修正系数，按表 5.1-4 取值。

超重型圆锥动力触探试验锤击数修正系数　　　　表 5.1-4

杆长/m	N'_{120}											
	1	3	5	7	9	10	15	20	25	30	35	40
1	1.00	1.00	1.00	1.00	1.00	1.00	1.00	1.00	1.00	1.00	1.00	1.00
2	0.96	0.92	0.91	0.90	0.90	0.90	0.90	0.89	0.89	0.88	0.88	0.88
3	0.94	0.88	0.86	0.85	0.84	0.84	0.84	0.83	0.82	0.82	0.81	0.81

杆长/m	N'_{120}											
	1	3	5	7	9	10	15	20	25	30	35	40
5	0.92	0.82	0.79	0.78	0.77	0.77	0.76	0.75	0.74	0.73	0.72	0.72
7	0.90	0.78	0.75	0.74	0.73	0.72	0.71	0.70	0.68	0.68	0.67	0.66
9	0.88	0.75	0.72	0.70	0.69	0.68	0.67	0.66	0.64	0.63	0.62	0.62
11	0.87	0.73	0.69	0.67	0.66	0.66	0.64	0.62	0.61	0.60	0.59	0.58
13	0.86	0.71	0.67	0.65	0.64	0.63	0.61	0.60	0.58	0.57	0.56	0.55
15	0.84	0.69	0.65	0.63	0.62	0.61	0.59	0.58	0.56	0.55	0.54	0.53
17	0.85	0.68	0.63	0.61	0.60	0.60	0.57	0.56	0.54	0.53	0.52	0.50
19	0.84	0.66	0.62	0.60	0.58	0.58	0.56	0.54	0.52	0.51	0.50	0.48

3）圆锥动力触探试验结果，宜绘制每个检测孔的圆锥动力触探试验锤击数与试验深度关系曲线图表。

4）圆锥动力触探试验锤击数的单孔代表值，应取该检测孔不同深度的圆锥动力触探试验锤击数的算术平均值。

5）土层分类应根据圆锥动力触探试验锤击数的空间分布规律，结合岩土工程勘察资料综合确定，并应符合下列规定：

（1）单位工程同一分类土层的轻型圆锥动力触探试验锤击数、重型圆锥动力触探试验锤击数或超重型圆锥动力触探试验锤击数的标准值，应按附录 B 的统计方法确定；

（2）统计计算时，除应剔除《建筑地基基础检测规范》DBJ/T 15—60—2019 第 1.6.1 条所规定的异常值外，还应剔除临界深度以内的数值、超前和滞后影响范围内的异常值。

6）黏性土状态、砂土密实度、碎石土密实度，可根据同一分类土层重型或超重型圆锥动力触探试验锤击数标准值（$N_{63.5,k}$，$N_{120,k}$），按表 5.1-5～表 5.1-8 的规定进行评价；碎石土地基承载力特征值可按表 5.1-9 的规定进行推定。

黏土的密实度分类　　　　　　　　　　　　表 5.1-5

$N_{63.5,k}$	$N_{63.5,k} \leqslant 1.5$	$1.5 < N_{63.5,k} \leqslant 3$	$3 < N_{63.5,k} \leqslant 7.5$	$7.5 < N_{63.5,k} \leqslant 10$	$N_{63.5,k} > 10$
状态	流塑	软塑	可塑	硬塑	坚硬

砂土的密实度分类　　　　　　　　　　　　表 5.1-6

$N_{63.5,k}$	$N_{63.5,k} \leqslant 4$	$4 < N_{63.5,k} \leqslant 6$	$6 < N_{63.5,k} \leqslant 9$	$N_{63.5,k} > 9$
密实度	松散	稍密	中密	密实

碎石土密实度按 $N_{63.5,k}$ 分类　　　　　　　　　　　　表 5.1-7

$N_{63.5,k}$	$N_{63.5,k} \leqslant 5$	$5 < N_{63.5,k} \leqslant 10$	$10 < N_{63.5,k} \leqslant 20$	$N_{63.5,k} > 20$
密实度	松散	稍密	中密	密实

注：本表适用于平均粒径等于或小于 50mm，且最大粒径小于 100mm 的碎石土；对于平均粒径大于 50mm，或最大粒径大于 100mm 的碎石土，可用超重型圆锥动力触探。

碎石土密实度$N_{120,k}$分类 表 5.1-8

$N_{120,k}$	$N_{120,k} \leqslant 3$	$3 < N_{120,k} \leqslant 6$	$6 < N_{120,k} \leqslant 11$	$11 < N_{120,k} \leqslant 14$	$N_{120,k} > 14$
密实度	松散	稍密	中密	密实	很密

碎石土承载力特征值f_{ak}（单位：kPa） 表 5.1-9

碎石土类型	密实度		
	稍密	中密	密实
卵石	300～500	500～800	800～1000
碎石	200～400	400～700	700～900
圆砾	200～300	300～500	500～700
角砾	150～200	200～400	400～600

7）一般黏性土、黏性素填土、粉土和粉细砂土地基的承载力特征值，可根据同一分类土层轻型圆锥动力触探试验锤击数标准值（$N_{10,k}$）按表 5.1-10 推定。

轻型动力触探试验推定地基承载力特征值f_{ak}（单位：kPa） 表 5.1-10

$N_{10,k}$	5	10	15	20	25	30	35	40	45	50
一般黏性土地基	50	70	100	140	180	220	—	—	—	—
黏性素填土地基	60	80	95	110	120	130	140	150	160	170
粉土、粉细砂土地基	55	70	80	90	100	110	125	140	150	160

8）一般黏性土、中砂、粗砂、粉砂、细砂土地基的承载力特征值，可根据同一分类土层的重型圆锥动力触探试验锤击数标准值（$N_{63.5,k}$），按表 5.1-11 推定。

重型圆锥动力触探试验推定地基承载力特征值f_{ak}（单位：kPa） 表 5.1-11

$N_{63.5,k}$	2	3	4	5	6	7	8	9	10	11	12
一般黏性土地基	120	150	180	210	240	265	290	320	350	375	400
中砂、粗砂土地基	—	120	160	200	240	280	320	360	400	—	—
粉砂、细砂土地基	—	75	100	125	150	175	200	225	250	—	—

9）处理土地基的承载力特征值可按广东省标准《建筑地基基础检测规范》DBJ/T 15—60—2019 中第 1.6.6、1.6.7 条的规定推定。

10）复合地基增强体的施工质量应按单桩评价，可根据检测孔的圆锥动力触探试验锤击数对增强体的均匀性和密实程度评价。其中，碎石桩的密实度分类，可按表 5.1-12 的规定评价。

碎石桩的密实度分类 表 5.1-12

$N_{63.5,k}$	$N_{63.5,k} < 4$	$4 \leqslant N_{63.5,k} \leqslant 5$	$5 < N_{63.5,k} \leqslant 7$	$N_{63.5,k} > 7$
密实度	松散	稍密	中密	密实

11）强夯置换墩着底情况可根据单位工程试验数据进行评价。

5.1.7 地基试验数据统计方法

（1）本统计计算方法适用于计算天然土地基和处理土地基的标准贯入试验、圆锥动力触探试验、静力触探试验、十字板剪切试验等原位试验数据的标准值。

（2）当原位试验的试验结果需要进行深度修正时，应先进行深度修正。

（3）按本方法统计计算和划分土层时，应剔除异常值。

（4）单位工程的土层应根据原位试验结果沿深度的分布趋势，结合岩土工程勘探资料进行分类。

当土层难以划分时，可根据原位试验结果沿深度自上至下划分 3～5 个土层。

（5）同一分类土层的原位试验的标准值，应按单位工程进行统计计算。当同一分类土层原位试验的检测数据离散性较大时，可将单位工程划分为两个或两个以上检测区域（即两个或两个以上验收批）分别进行统计计算，但应满足广东省标准《建筑地基基础检测规范》DBJ/T 15-60—2019 第 1.7.7 条试验数据数量的规定。

（6）当同一检测孔的同一分类土层中有两个或两个以上有效检测数据时，应先计算其算术平均值，再用该算术平均值参与《建筑地基基础检测规范》DBJ/T 15-60—2019 第 1.7.7 条的统计计算。当检测孔缺少该分类土层检测数据时，则不参与统计。

（7）当参与统计计算的试验数据个数不少于 6 个时，同一分类土层的原位试验数据标准值应按下列公式计算：

$$\varphi_k = \gamma_s \varphi_m$$

$$\gamma_s = 1 - \left(\frac{1.704}{\sqrt{n}} + \frac{4.678}{n^2}\right)\delta$$

$$\varphi_m = \frac{\sum_{i=1}^{n}\varphi_i}{n}$$

$$\delta = \frac{\sigma_f}{\varphi_m}$$

$$\sigma_f = \sqrt{\frac{1}{n-1}\left[\sum_{i=1}^{n}\varphi_i^2 - \frac{\left(\sum_{i=1}^{n}\varphi_i\right)^2}{n}\right]}$$

式中：φ_k——同一分类土层的原位试验数据抗压强度的标准值；

γ_s——统计修正系数；

φ_i——参与统计的试验数据，按《建筑地基基础检测规范》DBJ/T 15-60—2019 第 1.7.4 条和第 1.7.5 条确定；

φ_m——检测数据的平均值；

σ_f——检测数据的标准差；

δ——检测数据的变异系数；

n——统计样本数，且$n \geqslant 6$。

5.1.8 检测案例分析

【案例】对某排水管道工程项目 W218～W227 段污水管道沟槽进行了轻型动力触探试验，目的是通过检测推定该地基土承载力特征值。检测深度为 1.5m，试验长度为 200m，本次共检测 10 孔（检测数据见表 5.1-13），地基类型为天然地基，地基土类型为一般黏性土，设计要求地基土承载力特征值 $\geqslant 100$kPa。

圆锥动力触探试验范例检测数据 表 5.1-13

工程名称：某排水管道工程			地基类型：天然地基	
触探类型：☑N_{10}　□$N_{63.5}$　□N_{120}				
检测孔编号：1 号				
深度	实测锤击数	修正锤击数	土层描述	备注
0～30cm	18	—	一般黏性土	
30～60cm	18	—	一般黏性土	
60～90cm	17	—	一般黏性土	
90～120cm	19	—	一般黏性土	
120～150cm	21	—	一般黏性土	
检测孔编号：2 号				
深度	实测锤击数	修正锤击数	土层描述	备注
0～30cm	17	—	一般黏性土	
30～60cm	15	—	一般黏性土	
60～90cm	17	—	一般黏性土	
90～120cm	13	—	一般黏性土	
120～150cm	19	—	一般黏性土	
检测孔编号：3 号				
深度	实测锤击数	修正锤击数	土层描述	备注
0～30cm	20	—	一般黏性土	
30～60cm	21	—	一般黏性土	
60～90cm	21	—	一般黏性土	
90～120cm	21	—	一般黏性土	
120～150cm	20	—	一般黏性土	
检测孔编号：4 号				
深度	实测锤击数	修正锤击数	土层描述	备注
0～30cm	19	—	一般黏性土	

检测孔编号：4 号				
深度	实测锤击数	修正锤击数	土层描述	备注
30～60cm	22	—	一般黏性土	
60～90cm	23	—	一般黏性土	
90～120cm	22	—	一般黏性土	
120～150cm	22	—	一般黏性土	
检测孔编号：5 号				
深度	实测锤击数	修正锤击数	土层描述	备注
0～30cm	15	—	一般黏性土	
30～60cm	18	—	一般黏性土	
60～90cm	20	—	一般黏性土	
90～120cm	20	—	一般黏性土	
120～150cm	21	—	一般黏性土	
检测孔编号：6 号				
深度	实测锤击数	修正锤击数	土层描述	备注
0～30cm	16	—	一般黏性土	
30～60cm	18	—	一般黏性土	
60～90cm	19	—	一般黏性土	
90～120cm	19	—	一般黏性土	
120～150cm	20	—	一般黏性土	
检测孔编号：7 号				
深度	实测锤击数	修正锤击数	土层描述	备注
0～30cm	15	—	一般黏性土	
30～60cm	17	—	一般黏性土	
60～90cm	18	—	一般黏性土	
90～120cm	17	—	一般黏性土	
120～150cm	19	—	一般黏性土	
检测孔编号：8 号				
深度	实测锤击数	修正锤击数	土层描述	备注
0～30cm	15	—	一般黏性土	
30～60cm	18	—	一般黏性土	
60～90cm	19	—	一般黏性土	
90～120cm	19	—	一般黏性土	
120～150cm	21	—	一般黏性土	

续表

检测孔编号：9 号				
深度	实测锤击数	修正锤击数	土层描述	备注
0～30cm	18	—	一般黏性土	
30～60cm	20	—	一般黏性土	
60～90cm	23	—	一般黏性土	
90～120cm	25	—	一般黏性土	
120～150cm	26	—	一般黏性土	
检测孔编号：10 号				
深度	实测锤击数	修正锤击数	土层描述	备注
0～30cm	17	—	一般黏性土	
30～60cm	16	—	一般黏性土	
60～90cm	18	—	一般黏性土	
90～120cm	19	—	一般黏性土	
120～150cm	18	—	一般黏性土	

　　本次轻型动力触探试验共检测 10 孔，试验土层为一般黏性土，其原位试验数据标准值 $\varphi_k = 18$，检测结果见表 5.1-14，依据广东省标准《建筑地基基础检测规范》DBJ/T 15-60—2019 表 5.4.6，推定受检范围内一般黏性土的地基承载力特征值为 124kPa，大于设计值（100kPa），满足设计要求。

检测结果统计表 表 5.1-14

检测孔号	试验值 φ_i	试验数据平均值 φ_m	试验数据标准差 σ_f	试验数据变异系数 δ	统计修正系数 γ_s	试验数据标准值 φ_k	推定地基土承载力 f_{ak}/kPa
1 号	19						
2 号	17						
3 号	21						
4 号	22						
5 号	19	19	1.91	0.10	0.94	18	124
6 号	18						
7 号	17						
8 号	18						
9 号	22						
10 号	18						

5.1.9　检测报告

　　圆锥动力触探检测报告应符合行业标准《建筑地基检测技术规范》JGJ 340—2015、广东省标准《建筑地基基础检测规范》DBJ/T 15—60—2019、国家标准《土工试验方法标准》GB/T 50123—2019 的相关要求，检测报告的主要内容包括：

（1）委托方名称，工程名称，工程地点，建设、勘察、设计、监理和施工单位，基础类型，设计要求，检测目的，检测依据，检测数量，检测日期。

（2）代表性岩土工程勘察资料。

（3）检测对象或检测位置的唯一性标识和相关施工记录。

（4）主要检测仪器设备。

（5）检测方法。

（6）检测过程叙述及异常情况描述。

（7）实测与计算分析图表和检测数据汇总。

（8）与检测内容相应的结论。

（9）圆锥动力触探试验锤击数与贯入深度关系曲线。

（10）每个检测孔的圆锥动力触探试验锤击数的单孔代表值。

（11）同一分类土层的圆锥动力触探试验锤击数的标准值。

（12）根据委托要求进行岩土性状分析、地基处理效果或施工质量评价。

（13）对天然地基、处理土地基进行检测时，提供地基承载力特征值。

5.2　回填土压实度

本试验用于检测排水管道回填土压实度，以评价结构层的压实质量，回填土压实度的试验方法主要有：

（1）环刀法。

（2）灌砂法。

（3）灌水法。

其中，灌砂法以及环刀法是排水管工程日常检测中最常见的压实度试验方法，由于排水管道回填土压实度检测中灌砂法的应用最为广泛，本节将进行重点介绍，环刀法可以参考本书 4.1.2 节的相关内容，本章不再赘述。

关于排水工程的检测频率，国家标准《给水排水管道工程施工及验收规范》GB 50268—2008 中的要求如表 5.2-1 所示。

《给水排水管道工程施工及验收规范》检测频率要求　　　　　　　表 5.2-1

序号	项目			检测数量		检测方法
				范围	点数	
1	石灰土类垫层			100m	每层每侧一组（每组 3 点）	用环刀法检查或采用现行国家标准《土工试验方法标准》GB/T 50123 中其他方法
2	沟槽在路基范围外	胸腔部分	管侧	两井之间或 1000m²		
			管顶以上 500mm			
		其余部分				
		农田或绿地范围表层 500mm 范围内				

序号	项目			检测数量		检测方法
				范围	点数	
3	沟槽在路基范围内	胸腔部分	管侧	两井之间或1000m²	每层每侧一组（每组3点）	用环刀法检查或采用现行国家标准《土工试验方法标准》GB/T 50123 中其他方法
			管顶以上 250mm			
		由路槽底起算的深度范围/mm	≤ 800			
			800～1500			
			> 1500			

5.2.1 灌砂法

5.2.1.1 试验范围

本方法适用于细粒土、砂类土和砾类土。

5.2.1.2 检测依据

目前排水管道回填土压实度的检测依据主要有：

（1）国家标准《土工试验方法标准》GB/T 50123—2019。

（2）国家标准《给水排水管道工程施工及验收规范》GB 50268—2008。

5.2.1.3 检测仪器及技术要求

本试验所用的仪器设备应符合下列规定：

（1）灌砂法密度试验仪：包括漏斗、漏斗架、防风筒、套环、附有 3 个固定器。

（2）台秤：称量 10kg，分度值 5g；称量 50kg，分度值 10g。

（3）量砂：粒径 0.25～0.50mm 的干燥清洁标准砂 10～40kg。

（4）其他：有盖的量砂容器、直尺、铲土工具。

5.2.1.4 检测步骤

根据国家标准《土工试验方法标准》GB/T 50123—2019 中的相关要求，利用灌砂法进行原位密度试验，可以分为用套环进行的灌砂法试验以及不用套环进行的灌砂法试验，其试验记录表格参考国家标准《土工试验方法标准》GB/T 50123—2019 中附录 D 表 D.71 以及 D.72 的相关要求。

1）用套环的灌砂法试验（图 5.2-1）应按下列步骤进行：

（1）选定具有代表性的一块面积约 40cm×40cm 的场地并将地面铲平。检查填土压实密度时，应清除表面未压实土层，并将压实土层铲去一部分，其深度视需要而定，使试坑底能达到规定的深度。

（2）称量砂的容器及量砂的总质量。将仪器放在整平的地面上，用固定器固定套环。打开漏斗阀，将量砂经漏斗灌入套环内，待套环灌满后，拿掉漏斗、漏斗架及防风筒，无风可不用防风筒，用直尺舌平套环上砂面，使其与套环边缘齐平。将刮下的量砂倒回量砂容器，不得洒落。称量砂容器及第 1 次剩余量砂的总质量。

图 5.2-1　用套环的灌砂法试验现场

（3）将套环内的量砂取出，称量，倒回量砂容器内。允许有少部分量砂仍留在环内。

（4）在套环内挖试坑，其尺寸应符合表 5.2-2 的规定。挖坑时要特别小心，将已松动的试样全部取出。放入盛试样的容器内，盖好盖子，称容器及试样总质量，并取代表性试样，测定含水率。

试坑尺寸与相应的最大粒径　　　　　　　　　　　表 5.2-2

试样最大粒径/mm	试坑直径/mm	试坑深度/mm
5（20）	150	200
40	200	250
60	250	300
200	880	1000

（5）在套环上重新装上防风筒、漏斗架、漏斗。将量砂经漏斗灌入试坑内，量砂下落速度应大致相等，直至灌满套环。

（6）取掉漏斗、漏斗架及防风筒，用直尺刮平套环上的砂面，使其与套环边缘齐平。刮下的量砂全部倒回量砂容器内，不得丢失。称量砂容器及第二次剩余量砂的总质量。

2）不用套环的灌砂法试验应按下列步骤进行：

（1）按国家标准《给水排水管道工程施工及验收规范》GB 50268—2008 第 1.5.1 条第 1 款的规定选择试验地点，在刮平的地面上应按表 5.2-2 的规定挖坑。

（2）称量砂容器及量砂的总质量，在试坑上放置防风筒和漏斗，将量砂经漏斗灌入试坑内，量砂下落速度应大致相等，直至灌满试坑。

（3）试坑灌满量砂后，去掉漏斗及防风筒，用直尺刮平量砂表面，使其与原地面齐平，将多余的量砂倒回量砂容器，称量砂容器加剩余量砂的质量。

5.2.1.5　结果计算

1）湿密度应按下列公式计算：

（1）用套环法

$$\rho = \frac{(m_{y4} - m_{y6}) - [(m_{y1} - m_{y2}) - m_{y3}]}{\dfrac{m_{y2} + m_{y3} - m_{y5}}{\rho_{ls}} - \dfrac{m_{y1} - m_{y2}}{\rho'_{ls}}}$$

（2）不用套环法

$$\rho = \frac{m_{y4} - m_{y6}}{\dfrac{m_{y1} - m_{y7}}{\rho_{ls}}}$$

式中：　m_{y1}——量砂容器及原有量砂总质量（g）；

m_{y2}——量砂容器及第 1 次剩余量砂总质量（g）；

m_{y3}——从套环中取出的量砂质量（g）；

m_{y4}——试样容器及试样总质量（包括少量遗留砂质量）（g）；

m_{y5}——量砂容器及第 2 次剩余量砂总质量（g）；

m_{y6}——试样容器质量（g）；

m_{y7}——量砂容器及剩余量砂总质量（g）；

ρ_{ls}——往试坑内灌砂时量砂的平均密度（g/cm³）；

ρ'_{ls}——挖试坑前，往套环内灌砂时量砂的平均密度（g/cm³），算至 0.01g/cm³。

2）干密度应按下式计算：

$$\rho_d = \frac{\rho}{1 + 0.01\omega}$$

3）本试验需要进行两次平行测定，取其算数平均值。

5.2.1.6　检测案例分析

【案例】对某排水管道工程项目新建管道 W1～W2 段管道垫层进行压实度试验，垫层厚度为 15cm，压实度设计值 ≥90%，回填材料为中粗砂，最大干密度为 1.90g/cm³，标准砂密度为 1.40g/cm³，其检测数据如表 5.2-3 所示，判断该管道垫层压实度是否符合设计要求。

压实度检测数据　　　　　　　　　　　　　　表 5.2-3

序号	1	2	3
测点桩号	W1～W2 段		
灌砂前砂 + 容器质量/g	7670	7480	7400
灌砂后砂 + 容器质量/g	4200	3990	3920
试坑灌入量砂的质量/g	3462	3486	3479
量砂堆积密度/（g/cm³）	1.40	1.40	1.40
试坑体积/cm³	2473	2490	2485

续表

坑中挖出的湿料质量/g		4600		4656		4622	
试样湿密度/（g/cm³）		1.86		1.87		1.86	
盒号		1	2	3	4	5	6
盒质量/g		183.60	184.30	182.60	180.50	185.00	189.40
盒＋湿料质量/g		522.70	502.80	527.20	511.90	515.60	525.00
盒＋干料质量/g		496.30	478.10	503.10	489.40	492.00	500.20
水质量/g		26.40	24.70	24.10	22.50	23.60	24.80
干料质量/g		312.70	293.80	320.50	308.90	307.00	310.80
含水率/%	测试值	8.4	8.4	7.5	7.2	7.6	7.9
	平均值	8.4		7.4		7.8	
干密度/（g/cm³）		1.72		1.74		1.73	
压实度/%		90.5		91.6		91.1	

5.2.1.7 检测报告

排水管道回填压实度检测报告应符合规范国家标准《给水排水管道工程施工及验收规范》GB 50268—2008、《土工试验方法标准》GB/T 50123—2019 的相关要求，检测报告的主要内容包括：

（1）测试位置信息（桩号、层位等）。

（2）干密度、最大干密度。

（3）压实度。

5.2.2 环刀法

5.2.2.1 试验范围

本方法适用于细粒土。

5.2.2.2 检测依据

目前回填土压实度的检测依据主要有：

（1）国家标准《土工试验方法标准》GB/T 50123—2019。

（2）国家标准《给水排水管道工程施工及验收规范》GB 50268—2008。

5.2.2.3 检测仪器及技术要求

本试验所用的仪器设备应符合下列规定：

（1）环刀：尺寸参数应符合国家现行标准《岩土工程仪器基本参数及通用技术条件》GB/T 15406—2007 的规定。

（2）天平：称量 500g，分度值 0.1g；称量 200g，分度值 0.01g。

5.2.2.4　检测步骤

采用环刀法检测排水管回填压实度的步骤，参照 4.1 节中环刀法检测土路基压实度的相关检测步骤以及结果计算过程。

5.2.2.5　结果计算

（1）密度及干密度应按下列公式计算，精确至 0.01g/cm：

$$\rho = \frac{m_0}{V}$$

$$\rho_{\mathrm{d}} = \frac{\rho}{1 + 0.01w}$$

式中：ρ——试样的湿密度（g/cm^3）；

$\qquad \rho_{\mathrm{d}}$——试样的干密度（g/cm^3）；

$\qquad V$——环刀容积（cm^3）；

$\qquad w$——试样的含水率（%）；

$\qquad m_0$——试样质量（g）。

（2）本试验应进行两次平行测定，其最大允许平行差值应为±0.03g/cm^3，取其算术平均值。

5.3　背后土体密实性

城市地下病害体综合探测与风险评估应结合既有的岩土工程、市政设施、水文气象等资料，查明探测区域内既有的地下病害体的属性特征，对其进行风险评估，并提出处置对策建议。其中，排水工程背后土体密实性测试方法主要有：

（1）探地雷达法。

（2）高密度电阻率法。

（3）瞬态面波法。

（4）微动勘探法。

（5）地震映像法。

（6）瞬变电磁法。

探地雷达法是排水管道工程日常检测中最常用的背后土体密实性检测方法，将在本节集中讲述。

5.3.1　探地雷达法

5.3.1.1　检测范围

探地雷达具有探测精度高、效率高以及无损的特点，目前广泛用于考古、矿产勘查、灾害地质调查、岩土工程勘察、工程质量检测、建筑结构检测以及军事目标探测等众多领域。

5.3.1.2　试验原理

探地雷达法（Ground Penetrating Radar Method）是利用探地雷达发射天线向目标体发射高频脉冲电磁波，由接收天线接收目标体的反射电磁波，探测目标体空间位置和分布的一种地球物理探测方法。其实际是利用目标体及周围介质的电磁波反射特性，对目标体内部的构造和缺陷（或其他不均匀体）进行探测。

探地雷达是近年来一种新兴的地下探测与混凝土构筑物无损检测技术，是利用宽频带高频电磁波信号探测介质结构位置和分布的非破坏性的探测仪器，是目前国内外用于混凝土内部缺陷测量的最先进、最便捷的仪器之一，其天线抗干扰性强，探测范围广，分辨率高，具有实时数据处理和信号增强的特点，可进行连续透视扫描，现场实时显示二维黑白或彩色图像。

探地雷达工作原理是：当雷达系统利用天线向地下发射宽频带高频电磁波，电磁波信号在介质内部传播中遇到介电差异较大的介质界面时，就会发生反射、透射和折射。两种介质的介电常数差异越大，反射的电磁波能量也越大；反射回来的电磁波被与发射天线同步移动的接收天线接收后，由雷达主机精确记录下反射回来的电磁波的运动特征，再通过信号技术处理，形成全断面的扫描图，工程技术人员通过对雷达图像判断出地下目标物的实际结构情况。探地雷达工作原理见图 5.3-1。

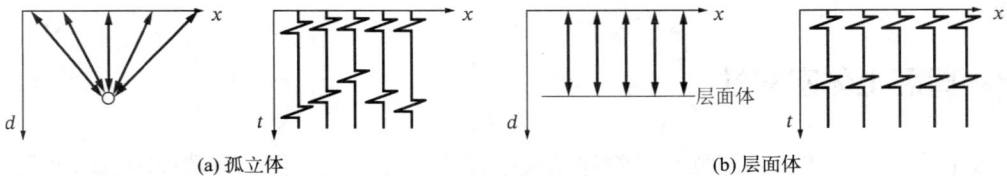

图 5.3-1　探地雷达原理示意图

电磁波的传播速度取决于介质的电性，介质的电性主要有电导率 μ 和介电常数 ε，前者主要影响电磁波的穿透（探测）深度，在电导率适中的情况下，后者决定电磁波在该物体中的传播速度。因此，所谓电性介面也就是电磁波传播的速度介面。不同的地质体（物体）具有不同的电性，在不同电性的地质体的分界面上，都会产生回波。探地雷达基本参数如下：

（1）电磁脉冲波旅行时间：

$$t = \frac{\sqrt{4Z^2 + x^2}}{v} \approx 2Z/v$$

式中：Z——勘查目标体的埋深；

　　　x——发射、接收天线的距离（式中因 $Z \gg x$，故 x 可忽略）；

　　　v——电磁波在介质中的传播速度。

（2）电磁波在介质中的传播速度：

$$v = \frac{c}{\sqrt{\varepsilon_r \mu_r}} \approx \frac{c}{\sqrt{\varepsilon_r}}$$

式中：c——电磁波在真空中的传播速度（0.29979m/ns）；

ε_r——介质的相对介电常数；

μ_r——介质的磁导率。

（3）电磁波的反射系数

电磁波在介质传播过程中，当遇到相对介电常数明显变化的地质现象时，电磁波将产生反射及透射现象，其反射和透射能量的分配主要与异常变化界面的电磁波反射系数有关：

$$r = \frac{\left(\sqrt{\varepsilon_2\mu_2} - \sqrt{\varepsilon_1\mu_1}\right)^2}{\left(\sqrt{\varepsilon_2\mu_2} + \sqrt{\varepsilon_1\mu_1}\right)^2} \approx \frac{\left(\sqrt{\varepsilon_2} - \sqrt{\varepsilon_1}\right)^2}{\left(\sqrt{\varepsilon_2} + \sqrt{\varepsilon_1}\right)^2}$$

式中：r——界面电磁波反射系数；

ε_1——第一层介质的相对介电常数；

ε_2——第二层介质的相对介电常数；

μ_1——第一层介质的磁导率；

μ_2——第二层介质的磁导率。

（4）探地雷达记录时间和勘查深度的关系：

$$Z = \frac{1}{2}vt = \frac{1}{2} \cdot \frac{c}{\sqrt{\varepsilon_r}} \cdot t$$

式中：Z——勘查目标体的深度；

t——雷达记录时间。

5.3.1.3　检测依据

不同建设领域的探地雷达法引用的依据是不同的，但是均应符合国家、行业、地方等标准以及建设单位、政府文件的相关规定要求。目前探地雷达法的检测依据主要有以下：

（1）行业标准《城市地下病害体综合探测与风险评估技术标准》JGJ/T 437—2018。

（2）行业标准《公路工程物探规程》JTG/T 3222—2020。

（3）行业标准《公路路基路面现场测试规程》JTG 3450—2019。

（4）行业标准《城市工程地球物理探测标准》CJJ/T 7—2017。

5.3.1.4　检测仪器及技术要求

探地雷达设备有车载式和手持式。其主要指标性能应满足下列要求：

（1）系统增益不应小于 150dB。

（2）信噪比不应低于 1.0dB，动态范围不应小于 120dB。

（3）分辨率不应小于 5ps。

（4）计时误差不应大于 1.0ns。

（5）宜具备多通道采集功能。

5.3.1.5　检测步骤

1）准备工作

（1）探地雷达法探测地下病害体应具备下列条件：

①地下病害体具有一定的规模，与周边介质之间存在介电性质差异。

②测区内地表相对平坦。

（2）探测地下病害体宜采用剖面法；当深部数据信噪比较低，不能满足探测要求时，宜采用共深度点法。

（3）探地雷达天线主频选择应符合探测深度和精度的要求，并应符合下列规定：

①宜选择频率为 80～500MHz 的屏蔽天线，当多种频率的天线均能满足探测深度要求时，宜选择频率相对较高的天线。

②当电磁干扰不明显且探测深度较大时，可选择非屏蔽的低频天线。

③重点区域及普查中确定的重点异常区探测宜选用多种频率天线。

（4）探地雷达法的竖向分辨率宜取探地雷达电磁波波长的 1/4，电磁波在地下介质中传播的波长宜按下式计算：

$$\lambda = 1000\frac{c}{f\sqrt{\varepsilon_{\mathrm{r}}}}$$

式中：λ——电磁波波长（m）；

$\quad\quad c$——空气中的电磁波速度（m/ns），取 0.3；

$\quad\quad f$——探地雷达天线主频（MHz）；

$\quad\quad \varepsilon_{\mathrm{r}}$——相对介电常数。

探地雷达法的横向分辨率宜按下式计算：

$$\chi' = \sqrt{\frac{\lambda h}{2} + \frac{\lambda^2}{16}}$$

式中：χ'——横向分辨率（m）；

$\quad\quad \lambda$——电磁波波长（m）；

$\quad\quad h$——深度（m）。

2）测试步骤

（1）探地雷达法测线布设应符合下列规定：

①在城市道路上进行探测时，测线宜沿车道行进方向布设。

②在城市广场等非道路区域进行探测时，测线宜沿场区长边方向布设。

③在隧道、管道内部进行探测时，测线宜沿隧道、管道轴向布设。

④普查时测线间距不宜大于 2.0m，详查时测线间距不宜大于 1.0m。

（2）正式探测前应根据探测深度和精度要求，通过有效性试验确定天线主频、采集方式和采集参数。探地雷达法采集参数设置应符合下列规定：

①记录时窗宜根据最大探测深度和地下介质的电磁波传播速度综合确定，可按下式计算：

$$T = K\frac{2D}{v}$$

式中：T——记录时窗（ns）；

$\quad\quad K$——加权系数，取 1.3～1.5；

$\quad\quad D$——最大探测深度（m）；

$\quad\quad v$——电磁波速度（m/ns）。

②信号的增益宜使信号幅值不超出信号监视窗口的 3/4。

③采样率不应低于所采用天线主频的 20 倍。

④宜采用叠加采集的方式提高信号的信噪比。

⑤普查时道间距不宜大于 5.0cm，详查时道间距不宜大于 2.5cm。

（3）探地雷达法现场数据采集应符合下列规定：

①当采用测量轮测距时，采集前应对其进行标定。

②在数据采集过程中，可根据干扰情况、图像效果调整采集参数。

③天线的移动速度应均匀，并应与仪器的扫描率相匹配。

④当测量轮触发连续采集时，天线移动速度应使采集数据不出现丢失现象；当自由连续采集时，天线移动速度应符合水平分辨率的要求。

⑤点测时，应在天线静止时采集；使用分离天线点测时，应调整天线间距以使采集的信号最强。

⑥自由连续采集时，应进行等间距标记，间距不宜大于 10m。

⑦应及时记录信号异常，并应分析异常原因，必要时进行复测。

⑧应及时记录各类干扰源及地面积水、变形等环境情况。

⑨当发现疑似地下病害体时，应进行标记，并应进行复核。

⑩当探测区域局部不满足探测条件时，应记录其位置和范围，待具备探测条件后补充探测。

⑪当采用差分 GPS 进行测线轨迹定位时，应合理设置基准站，并应进行定点测量验证。

⑫现场记录宜包含探测地点、测试参数、文件号、测线位置、地面异常环境等内容。

⑬探地雷达测线的定位可利用测区内已知位置的井盖、路灯或管线等地上物体的雷达回波对测线进行校核。

⑭现场采集数据质量检查和评价应符合下列规定：

a. 探测数据的信噪比应满足数据处理、解释的需要。

b. 重复观测的数据与原数据应一致性良好。

c. 现场记录信息应完整，且与数据保持一致。

d. 数据信号削波部分不宜超过全剖面的 5%。

e. 数据剖面上不应出现连续的坏道。

5.3.1.6　数据处理和解释

探测的雷达图形以脉冲反射波的波形形式记录，以波形或灰度显示探地雷达垂直剖面图。探地雷达探测资料的解释包括两部分内容：一是数据处理，二是图像解释。由于地下介质相当于一个复杂的滤波器，介质对波的不同程度的吸收以及介质的不均匀性，使得脉冲到达接收天线时，波幅减小，波形变得与原始发射波形有较大的差异。另外，不同程度的各种随机噪声和干扰，也影响实测数据。因此，必须对接收信号进行适当的处理，以改善其信噪比，为进一步解释提供清晰可辨的图像，识别现场探测中遇到的有限目标体引起的异常现象，为各类图像解释提供依据。

图像处理包括消除随机噪声、压制干扰、改善背景；进行自动时变增益或控制增益以补偿介质吸收和抑制杂波，进行滤波处理，除去高频信号，突出目标体，降低背景噪声和余振影响。

识别干扰波及目标体的探地雷达图像特征是进行探地雷达图像解释的核心内容。探地雷达在接收有效信号的同时，也不可避免地接收到各种干扰信号，产生干扰信号的原因很多，干扰波一般都有特殊形状，在分析中要加以辨别和确认。

5.3.1.7 检测结果判断

排水管道工程背后土体密实性对应出现的病害体可分为脱空、空洞、疏松体、富水体四类，其工程特征如下：

1）脱空，位于地面硬壳层与地基土之间，埋置深度浅，净空小于50cm。

2）空洞，净空大于或等于50cm及土体内部产生的空腔，位于地基土中，大小不一，其上下界面一般均不平整，对上部土体或结构具有失稳风险。

3）疏松体

（1）相对周边土体，具有结构不均匀、松散、密实度低、强度低、高压缩性等特点。

（2）强度随疏松体的松散程度增大而降低。

（3）疏松体范围逐渐扩大到一定程度，其自身承载力降低，内部土体发生坍塌，疏松体上部发展为空洞，在路基与基层之间、基层和面层之间会出现脱空。

4）富水体

（1）相对周边土体，具有均匀性较差、含水率高、呈流塑状态、灵敏度较高；强度很低、孔隙比较大、压缩性高等特点。

（2）富水体区域因局部水力作用，土体结构弱化，强度降低，工程性质变差，危及周边工程安全，其上部发展为空洞。

5.3.1.8 检测案例分析

【案例】某道路工程项目为双向四车道，邻近周边排水管道工程开挖段，道路红线宽26m，路线全长219.043m，设计里程为K0＋000～K0＋219.043。经初步踏勘，发现车道及相连人行道区域出现沉陷的病害，局部路面出现严重波浪状和明显突起壅包，存在重大安全隐患。为探明该段道路地下土体密实性以及空洞等相关病害情况，特进行此次地下雷达探测。路面缺陷统计报表见表5.3-1，其中L1a、L2a测线如图5.3-2、图5.3-3所示。

路面缺陷统计报表　　　　　　　　　　表 5.3-1

缺陷距起点位置及范围	缺陷深度范围/m	缺陷类型	雷达图像编号
K0＋016～K0＋019	0.8～1.8	孔洞	L1a 测线图（K0＋000～K0＋080）
K0＋020～K0＋049	1.2～1.4	松散	L1a 测线图（K0＋000～K0＋080）
K0＋027～K0＋049	0.6～0.8	脱空	L1a 测线图（K0＋000～K0＋080）
K0＋088～K0＋092	0.4～2.0	松散	L1a 测线图（K0＋080～K0＋160）
K0＋104～K0＋122	1.2～2.0	松散	L1a 测线图（K0＋080～K0＋160）
K0＋108～K0＋120	0.8～1.2	脱空	L1a 测线图（K0＋080～K0＋160）
K0＋019～K0＋029	0.6～0.8	脱空	L2a 测线图（K0＋000～K0＋080）
K0＋030～K0＋048	0.6～1.8	松散	L2a 测线图（K0＋000～K0＋080）
K0＋088～K0＋122	0.8～1.2	脱空	L2a 测线图（K0＋080～K0＋150）

缺陷距起点位置及范围	缺陷深度范围/m	缺陷类型	雷达图象编号
K0＋088～K0＋122	1.2～2.0	松散	L2a 测线图（K0＋080～K0＋150）
K0＋019～K0＋026	0.4～0.6	脱空	R1a 测线图（K0＋000～K0＋080）
K0＋087～K0＋119	0.6～0.8	脱空	R1a 测线图（K0＋080～K0＋160）
K0＋030～K0＋064	0.4～0.8	脱空	R2a 测线图（K0＋000～K0＋080）
K0＋030～K0＋064	0.8～1.6	松散	R2a 测线图（K0＋000～K0＋080）
K0＋078～K0＋093	0.8～1.2	脱空	R2a 测线图（K0＋080～K0＋150）
K0＋078～K0＋093	1.2～1.8	松散	R2a 测线图（K0＋080～K0＋150）
K0＋095～K0＋107	1.1～1.4	脱空	R2a 测线图（K0＋080～K0＋150）
K0＋110～K0＋117	1.1～1.9	脱空	R2a 测线图（K0＋080～K0＋150）
K0＋089～K0＋123	0.6～1.6	孔洞、松散	L1b 测线图（K0＋140～K0＋219）
K0＋021～K0＋051	0.5～1.8	松散	L1b 测线（K0＋000～K0＋078）
K0＋089～K0＋124	0.6～2.0	松散	L2b 测线（K0＋059～K0＋140）
K0＋019～K0＋051	0.3～1.6	孔洞、松散	L2b 测线（K0＋000～K0＋078）
K0＋089～K0＋123	0.8～1.8	松散	R1b 测线图（K0＋059～K0＋140）
K0＋023～K0＋051	0.4～1.6	松散	R1b 测线图（K0＋000～K0＋89）
K0＋079～K0＋129	1.0～1.6	松散	R2b 测线图（K0＋059～K0＋140）
K0＋000～K0＋039	0.2～1.8	孔洞、松散、脱空	R2b 测线图（K0＋000～K0＋059）
K0＋016～K0＋019	0.8～1.8	孔洞	L1a 测线图（K0＋000～K0＋080）
K0＋020～K0＋049	1.2～1.4	松散	L1a 测线图（K0＋000～K0＋080）
K0＋027～K0＋049	0.6～0.8	脱空	L1a 测线图（K0＋000～K0＋080）
K0＋088～K0＋092	0.4～2.0	松散	L1a 测线图（K0＋080～K0＋160）

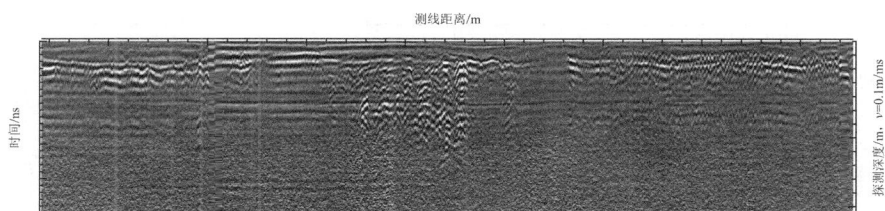

图 5.3-2　L1a 测线图

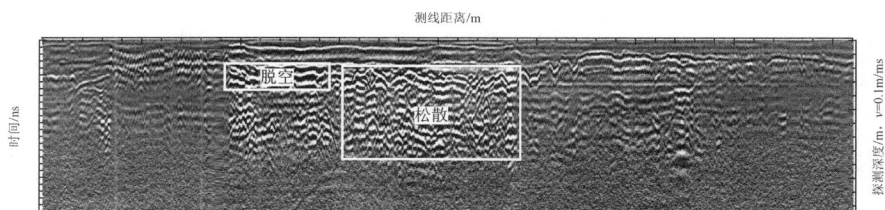

图 5.3-3　L2a 测线图

本次雷达探测结果表明，在道路测线中脱空病害段与现场严重波浪壅包病害段基本重合，脱空区域主要集中于区域 K0 + 020～K0 + 049 和区域 K0 + 086～K0 + 121；脱空病害表现为同相轴连续、电磁信号震荡，形成区域大小各不同的脱空区。岩体密实状态是动态发展和变化的过程，因此本次检测结果仅是本次检测时刻的真实反映。

由于行车道板下有较为密集的横、纵钢筋，对雷达电磁信号造成严重屏蔽，导致电磁波信号不稳定，局部区域混凝土面板下信号较为杂乱，影响探测精度，因而无法对局部地区信号做出准确判断。鉴于路面层钢筋对雷达探测影响较为显著，故本次检测结果仅供参考，病害特征需进一步结合挖探等方法进一步综合判定。

5.4 严密性试验

管道严密性试验是指对已敷设好的管道用液体或气体检查管道渗漏情况。污水、雨污管道及湿陷、胀、流地区雨水管道，必须经严密性试验，合格后方可投入运行。管道的严密性试验分为压力管道水压试验和无压力管道闭水、闭气试验。排水管道属于无压力管道，应按设计要求确定；设计无要求时，应根据实际情况选择闭水试验或闭气试验。

5.4.1 闭水试验

5.4.1.1 检测范围

闭水试验适用于污水管道、雨污水合流管道、倒虹吸管及其他设计要求闭水的管道。

5.4.1.2 试验原理

闭水试验是管道在一定的水头压力条件下进行的，用一定时间内单位长度管道渗水量与允许渗水量标准做比较，以判断该排水管段是否合格，试验装置如图 5.4-1 所示。

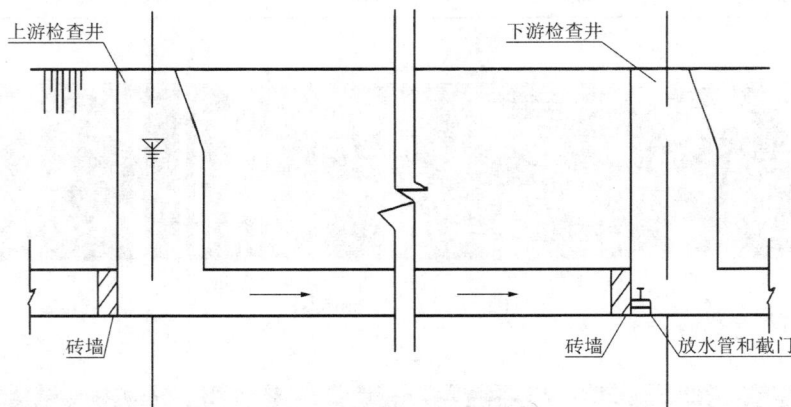

图 5.4-1 排水管道闭水试验装置图

5.4.1.3 检测依据及频率

（1）检测依据

不同建设领域的闭水试验检测依据不同，但是均应符合国家、行业、地方等标准以及建设单位、政府文件的相关规定要求。目前闭水试验检测的主要依据为：

国家标准《给水排水管道工程施工及验收规范》GB 50268—2008。

（2）检测频率

关于排水管工程闭水试验的检测频率，国家标准《给水排水管道工程施工及验收规范》GB 50268—2008 第 9.3.6 条规定：管道内径大于 700m 时，可按管道井段数量抽样选取 1/3 进行试验；试验不合格时，抽样井段数量应在原抽样基础上加倍进行试验。

5.4.1.4　检测仪器及技术要求

闭水试验需要下列仪器与工具：

（1）秒表。

（2）量筒。

（3）钢尺水位计。

5.4.1.5　检测步骤

1）准备工作

（1）闭水试验前，应做好水源引接、排水疏导等方案。

（2）向管道内注水应从下游缓慢注入，注入时在试验管段上游的管顶及管段中的高点应设置排气阀，将管道内的气体排出。

（3）冬期进行闭水试验时，应采取防冻措施。

（4）管道采用两种（或两种以上）管材时，宜按不同管材分别进行试验；不具备分别试验的条件时必须组合试验，设计无具体要求时，应采用不同管材的管段中试验控制最严的标准进行试验。

（5）管道的试验长度除按《给水排水管道工程施工及验收规范》GB 50268—2008 规定和设计要求外，无压力管道的闭水试验，条件允许时可一次试验不超过 5 个连续井段，对于无法分段试验的管道，应由工程有关方面根据工程具体情况确定。

（6）管道及检查井外观质量已验收合格。

（7）管道未回填土且沟槽内无积水。

（8）全部预留孔应封堵，不得渗水。

（9）管道两端堵板承载力经核算应大于水压力的合力；除预留进出水管外，应封堵坚固，不得渗水。

（10）顶管施工注浆孔封堵且管口按设计要求处理完毕，地下水位于管底以下。

2）测试步骤

（1）管道闭水试验应符合下列规定：

①试验段上游设计水头不超过管顶内壁时，试验水头应以试验段上游管顶内壁高度加 2m 计。

②试验段上游设计水头超过管顶内壁时，试验水头应以试验段上游设计水头加 2m 计。

③计算出的试验水头小于 10m，但超过上游检查井井口时，试验水头应以上游检查井井口高度为准。

（2）闭水法试验应符合下列程序：

①试验管段灌满水后浸泡时间不应少于 24h。

②试验水头应按国家标准《给水排水管道工程施工及验收规范》GB 50268—2008 第9.3.4 条的规定确定。

③试验水头达规定水头时开始计时，观测管道的渗水量直至观测结束，应不断地向试验管段内补水，保持试验水头恒定。渗水量的观测时间不得小于 30min。

④现场检测作业时填写原始记录表，如表 5.4-1 所示。

闭水试验现场记录表　　　　　　　　　　　　表 5.4-1

工程名称：						
试验日期：	年　月　日		设备/编号：			
检测依据：						
样品编号		桩号及地段				
管道内径/mm		管材种类		接口种类		试验段长度/m
试验段上游设计水头/m		试验水头/m		允许渗水量/〔L/(min·m)〕		
渗水量测定记录	次数	观测起始时间T_1/min	观测结束时间T_2/min	恒压时间T/min	恒压时间内补入的水量W/L	实测渗水量q/〔L/(min·m)〕
	1					
	2					
	3					
	折合平均实测渗水量/〔L/(min·m)〕					
外观记录						
评语						

5.4.1.6　数据处理

实测渗水量应按下式计算：

$$q = \frac{W}{TL}$$

式中：q——实测渗水量〔L/(min·m)〕；

　　　W——补水量（L）；

　　　T——实测渗水观测时间（min）；

　　　L——试验管段的长度（m）。

5.4.1.7　检测结果判定

管道闭水试验时，应进行外观检查，无漏水现象且符合下列规定时，管道闭水试验合格：

（1）实测渗水量小于或等于表 5.4-2 规定的允许渗水量。

（2）管道内径大于表 5.4-2 规定时，实测渗水量应小于或等于按下式计算的允许渗水量：

$$q = 1.25\sqrt{D_i}$$

式中：q——允许渗水量 [$m^3/(24h \cdot km)$]；

D_i——管道内径（mm）。

（3）异形截面管道的允许渗水量可按周长折算为圆形管道计。

（4）化学建材管道的实测渗水量应小于或等于按下式计算的允许渗水量：

$$q = 0.0046D_i$$

无压管段闭水试验允许渗水量   表 5.4-2

管材	管道内径D_i/mm	允许渗水量/[$m^3/(24h \cdot km)$]
钢筋混凝土管	200	17.60
	300	21.62
	400	25.00
	500	27.95
	600	30.60
	700	33.00
	800	35.35
	900	37.50
	1000	39.52
	1100	41.45
	1200	43.30
	1300	45.00
	1400	46.70
	1500	48.40
	1600	50.00
	1700	51.50
	1800	53.00
	1900	54.48
	2000	55.90

5.4.1.8 检测案例分析

【案例】对某排水管道工程项目新建管道 W1～W4 段进行闭水试验，管道管径为 500mm，管材为钢筋混凝土管，接口为承插式接口，试验水头高度为 2.47m，全长为 120m，允许渗水量为 27.95 [$m^3/(24h \cdot km)$]，闭水试验检测数据如表 5.4-3 所示，判断该段管道闭水试验是否符合规范要求。

闭水试验范例检测数据 表 5.4-3

样品编号	2024-0001	桩号及地段		W1～W4 段，上游井 W1（带 W1、W2、W3）	
管道内径/mm	管材种类			接口种类	试验段长度/m
500	钢筋混凝土管			承插式接口	120
试验段上游设计水头/m	试验水头/m			允许渗水量/〔m³/(24h·km)〕	
0.47	2.47			27.95	
渗水量测定记录	次数	观测起始时间 T_1/min	观测结束时间 T_2/min	恒压时间 T/min	恒压时间内补入的水量 W/L	实测渗水量 q/〔L/(min·m)〕
	1	09:27:00	09:57:00	30	8.50	0.00236111
	2					
	3					
	折合平均实测渗水量/〔m³/(24h·km)〕			3.40		
外观记录	管道管身、接口无漏水现象					
评　语	所检部位符合《给水排水管道工程施工及验收规范》GB 50268—2008 要求					

5.4.2　闭气试验

5.4.2.1　检测范围

闭气试验适用于混凝土类的无压管道回填前进行的严密性试验。

5.4.2.2　试验原理

本检验方法通过测定排水管道在规定闭气时间下的管内气体压降值来检验管道的密闭性是否符合规范要求。检验装置如图 5.4-2 所示。

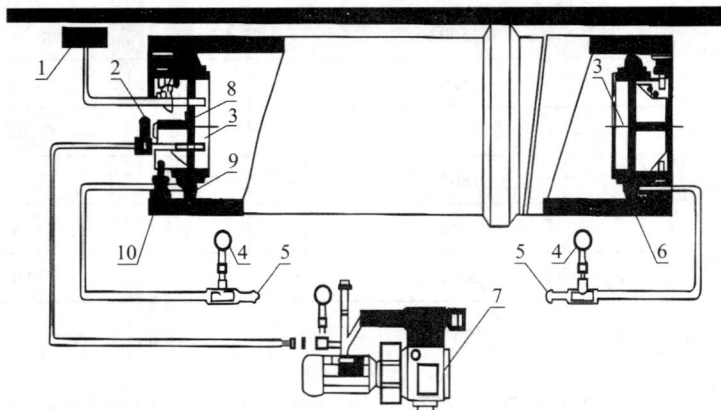

图 5.4-2　闭气试验装置图

1—膜盒压力表；2—气阀；3—塑堵塑料封板；4—压力表；5—充气嘴；6—混凝土管排水管道；
7—空气压缩机；8—温度传感器；9—密封胶圈；10—管堵支撑架

5.4.2.3　测依据及频率

不同建设领域的闭气试验检测的依据不同，但是均应符合国家、行业、地方等标准以及建设单位、政府文件的相关规定要求。目前闭气试验检测的主要依据是《给水排水管道工程施工及验收规范》GB 50268—2008。

5.4.2.4　检测仪器及技术要求

闭气试验需要下列仪器与工具：
（1）膜盒压力表。
（2）压力表。
（3）空气压缩机。
（4）温度传感器。

5.4.2.5　检测步骤

闭气试验时，地下水位应低于管外底 150mm，环境温度为 $-15\sim50℃$，下雨时不得进行闭气试验。闭气试验还应符合下列规定：

（1）应对闭气试验的排水管道两端管口与管堵接触部分的内壁进行处理，使其洁净磨光；调整管堵支撑脚，分别将管堵安装在管道内部两端，每端接上压力表和充气罐。

（2）用打气筒向管堵密封胶圈内充气加压，待压力表示值达到 $0.05\sim0.20MPa$（不宜超过 0.20MPa），将管道密封；锁紧管堵支撑脚，将其固定。

（3）用空气压缩机向管道内充气，膜盒表显示管道内气体压力至 3000Pa，关闭气阀，使气体趋于稳定，膜盒表读数从 3000Pa 下降至 2000Pa 历时不应少于 5min。若气压下降较快，可适当补气；下降太慢，可适当放气。膜盒表显示管道内气体压力达到 2000Pa 时开始计时，在满足该管径的标准闭气时间规定时（钢筋混凝土无压管道闭气检验规定标准闭气时间见表 5.4-5），计时结束，记录此时管内实测气体压力 P，如 $P \geqslant 1500Pa$，则管道闭气试验合格，反之为不合格。

（4）现场检测作业时填写原始记录表，如表 5.4-4 所示。

闭气试验现场记录表　　　　　　　　　表 5.4-4

工程名称：					
检测日期：	年　月　日			设备/编号：	
检测依据：					
样品编号		桩号及地段			
起止井号					
管道内径/mm	管材种类		试验段长度/m		接口种类
试验日期	试验次数	第　次 第　次	环境温度		℃
标准闭气时间/s					

≥1600mm管道内压修正	起始温度T_1/s	终止温度T_2/s	标准闭气时间时的管内压力值P/Pa	修正后管内气体压降值ΔP/Pa
试验结果	起点压力/Pa		终点压力/Pa	
	标准闭气时间压力下降值/Pa			
目测漏气情况				
外观记录				
评 语				

5.4.2.6 数据处理与检测结果判定

闭气试验合格标准应符合下列规定：

（1）标准闭气试验时间应符合表 5.4-5 的规定，管内实测气体压力 $P \geqslant 1500$Pa 则管道闭气试验合格。

钢筋混凝土无压管道闭气检验规定标准闭气时间　　　　表 5.4-5

管道 DN/mm	管内气体压力/Pa		规定标准闭气时间
	起点压力	终点压力	
300	—	—	1min45s
400			2min30s
500			3min15s
600			4min45s
700			6min15s
800			7min15s
900			8min30s
1000			10min30s
1100			12min15s
1200	2000	≥1500	15min
1300			16min45s
1400			19min
1500			20min45s
1600			22min30s
1700			24min
1800			25min45s
1900			28min
2000			30min

续表

管道 DN/mm	管内气体压力/Pa		规定标准闭气时间
	起点压力	终点压力	
2100	2000	≥1500	32min30s
2200			35min

（2）被检测管道内径大于或等于 1600mm 时，应记录测试时管内气体温度（℃）的起始值 T_1 及终止值 T_2，并记录达到标准闭气时间时膜盒表显示的管内压力值 P，用下列公式加以修正，修正后管内气体压降值为 ΔP：

$$\Delta P = 103300 - (P + 101300) \times (273 + T_1)/(273 + T_2)$$

根据国际标准《给水排水管道工程施工及验收规范》GB 50268—2008，如果 ΔP 小于 500Pa，管道闭气试验合格。

5.4.2.7　检测报告

排水管（渠）道闭气试验检测报告如表 5.4-6 所示。

排水管（渠）道闭气试验报告　　　　　　　　　　表 5.4-6

委托编号：		报告编号：	
工程部位：		试验类别：	
委托单位：		工程名称：	
管渠结构：		试验日期：	

起止井号		号井段至　　号井段，共　　　　m		
管径			接口种类	
管内气体压力标准要求值		起点压力/Pa		终点压力/Pa
试验次数	第　　次，共　　次		环境温度/℃	
标准闭气时间/s			管内实测气体压力 P/Pa	
≥1600mm 管道的内压修正	起始温度 T_1/s	终止温度 T_2/s	修正后管内气体允许压降值 ΔP/Pa	修正后管内气体压降值 ΔP/Pa
漏气检测情况				
试验结论				
备注	1. 试验规程及评定依据：			
	2. 见证人（见证号）：			
	3. 见证单位：			
	4. 监督号：			

附录

附录 A　检测路段数据统计方法

A.1　适用范围

本方法适用于路基路面现场抽样试验时的个体（测点）选择，以评价样本的各类技术指标。

A.2　均匀法

将道路沿纵向或横向进行等间距划分，并在划分点处做好标记，在划分点上布置测点，见附图 A.2-1。

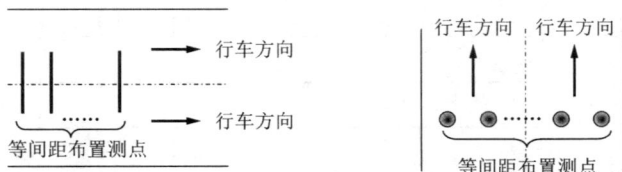

附图 A.2-1　均匀法选点示意图

A.3　定向法

选取轮迹带或出现裂缝、错台、板角等具有某个特征或指定的位置作为测点，如附图 A.3-1 所示。

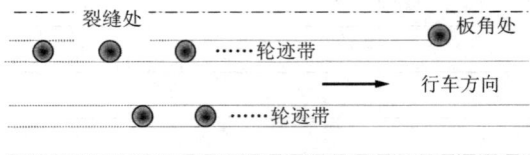

附图 A.3-1　定向法选点示意图

A.4　连续法

按相应标准的规定，沿道路纵向间距连续、均匀布置测区，如附图 A.4-1 所示。

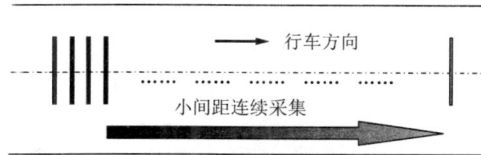

附图 A.4-1　定向法选点示意图

A.5　随　机　法

参照行业标准《公路路基路面现场测试规程》JTG 3450—2019 中附录"公路路基路面现场测试随机选点方法"的规定选取测试区间、测试断面或测点。

A.6　综　合　法

同时按照上述两种以上选点方法的规定,确定测点位置。通常有沿道路纵向连续选择测区,测区内随机选择测点,或者沿道路纵向均匀确定测区,测区内定向选取测点等方法。

附录 B　检测路段数据统计方法

1）按下式计算测试结果的实测值 X_i 与设计值 X_0 之差：

$$\Delta X_i = X_i - X_0$$

式中：ΔX_i——实测值 X_i 与设计值 X_0 之差；

X_i——第 i 个测点的测试值；

X_0——设计值。

2）按下式计算测试结果的平均值、标准差、变异系数：

$$\overline{X} = \frac{\sum X_i}{N}$$

$$S = \sqrt{\frac{\sum_{i=1}^{N}\left(X_i - \overline{X}\right)^2}{N-1}}$$

$$C_v = \frac{S}{\overline{X}}$$

式中：X_i——第 i 个测点的实测值；

N——一个测试路段内的测点数；

$\overline{X}$——一个测试路段内实测值的平均值；

S——一个测试路段内的实测值的标准差；

C_v——一个测试路段内的实测值的变异系数（%）。

3）计算一个测试路段内弯沉实测值的代表值时，按下式计算：

$$X' = \overline{X} \pm \frac{t_{\alpha/2}}{\sqrt{N}} \ \text{或} \ X' = \overline{X} \pm \frac{t_\alpha}{\sqrt{N}}$$

式中：X'——一个测试路段内实测值的代表值；

$t_{\alpha/2}$ 或 t_α——t 分布表中随自由度（$N-1$）和置信水平 α（保证率）而变化的系数，见附表 B.0-1。

t 分布表中随自由度（$N-1$）和置信水平 α（保证率）变化系数表　　表 B.0-1

测定数 N	双边置信水平的 $\frac{t_{\alpha/2}}{\sqrt{N}}$		单边置信水平 $\frac{t_\alpha}{\sqrt{N}}$	
	保证率 95%	保证率 90%	保证率 95%	保证率 90%
	$\alpha/2$	$\alpha/2$	α	α
2	8.985	4.465	4.465	2.176
3	2.484	1.686	1.686	1.089
4	1.591	1.177	1.177	0.819
5	1.242	0.953	0.953	0.686

测定数N	双边置信水平的 $\frac{t_{\alpha/2}}{\sqrt{N}}$		单边置信水平 $\frac{t_{\alpha}}{\sqrt{N}}$	
	保证率 95%	保证率 90%	保证率 95%	保证率 90%
	$\alpha/2$	$\alpha/2$	α	α
6	1.049	0.823	0.823	0.603
7	0.925	0.716	0.716	0.544
8	0.836	0.67	0.67	0.5
9	0.769	0.62	0.62	0.466
10	0.715	0.58	0.58	0.437
11	0.672	0.546	0.546	0.414
12	0.635	0.518	0.518	0.392
13	0.604	0.494	0.494	0.376
14	0.577	0.473	0.473	0.361
15	0.554	0.455	0.455	0.347
16	0.533	0.436	0.436	0.335
17	0.514	0.423	0.423	0.324
18	0.497	0.41	0.41	0.314
19	0.482	0.398	0.398	0.304
20	0.468	0.387	0.387	0.297
21	0.454	0.376	0.376	0.289
22	0.443	0.367	0.367	0.282
23	0.432	0.358	0.358	0.275
24	0.421	0.35	0.35	0.269
25	0.413	0.342	0.342	0.264
26	0.404	0.335	0.335	0.258
27	0.396	0.328	0.328	0.253
28	0.388	0.322	0.322	0.248
29	0.38	0.316	0.316	0.244
30	0.373	0.31	0.31	0.239
40	0.32	0.266	0.266	0.206
50	0.284	0.237	0.237	0.184
60	0.258	0.216	0.216	0.167
70	0.238	0.199	0.199	0.155

测定数N	双边置信水平的$\frac{t_{\alpha/2}}{\sqrt{N}}$		单边置信水平$\frac{t_\alpha}{\sqrt{N}}$	
	保证率95%	保证率90%	保证率95%	保证率90%
	$\alpha/2$	$\alpha/2$	α	α
80	0.223	0.186	0.186	0.145
90	0.209	0.277	0.173	0.136
100	0.198	0.166	0.166	0.129

参考文献

[1] 胡辰康. 回弹弯沉检测在公路路基路面检测中的应用[J]. 工程建设与设计, 2022(2): 49-52.

[2] 吕大伟. 高速公路水泥混凝土路面加铺沥青层综合技术研究[D]. 西安: 长安大学, 2014.

[3] 中华人民共和国交通运输部. 公路路基路面现场测试规程: JTG 3450—2019[S]. 北京: 人民交通出版社, 2019.

[4] 住房和城乡建设部. 城镇道路工程施工与质量验收规范: CJJ 1—2008[S]. 北京: 中国建筑工业出版社, 2008.

[5] 交通运输部. 公路工程质量检验评定标准 第一册 土建工程: JTG F80/1—2017[S]. 北京: 人民交通出版社, 2018.

[6] 国家标准化管理委员会. 砌筑水泥: GB/T 3183—2017[S]. 北京: 中国标准出版社, 2017.

[7] 宋水薪. 公路工程沥青路面施工现场试验检测技术研究[J]. 大众标准化, 2023(14): 116-117+120.

[8] 王佳宾. 浅谈短脉冲雷达检测技术在现代公路路面检测中的应用[J]. 四川水泥, 2021, (1): 270-271.

[9] 徐鹏, 祝轩, 姚丁, 等. 沥青路面养护智能检测与决策综述[J]. 中南大学学报 (自然科学版), 2021, 52(7): 2099-2117.

[10] 刘宛予, 张磊, 谢凯, 等. 路面平整度检测技术及其发展现状分析[J]. 工业计量, 2007, (1): 9-12.

[11] 蔚晓丹. 国际平整度指数IRI作为路面平整度评价指标的研究[J]. 公路交通科技, 1999, (S1): 9-13.

[12] 于海建. 基于公路技术状况评价模型的某市政道路路面性能状况调查分析及养护决策研究[J]. 科学技术创新, 2023(12): 158-161.

[13] 谭涛. 沥青路面抗滑性能检测技术研究综述[J]. 湖南交通科技, 2024.

[14] 邵春梅. 路面摩擦系数检测方法及纵、横向摩擦系数关联性研究[D]. 西安: 长安大学, 2011.